W0172625

Für:

_____

Von:

_____

Du hast mein Leben
verändert ...

_____

_____

_____

Über den Autor

Max Lucado ist Co-Pastor der *Oak Hills Church* in San Antonio,
Texas. Die Zeitschrift „Christianity Today" zählt ihn zu
den bekanntesten christlichen Autoren Amerikas.
Seine Bücher erreichten bisher eine Gesamtauflage von
über 65 Millionen Exemplaren und gewannen einige
Preise. So erhielt Max Lucado beispielsweise dreimal den
renommierten „Gold Medallion Christian Book of the
Year Award". Er ist verheiratet und hat drei Kinder.

MAX LUCADO

Schön, dass es dich gibt

Das amerikanische Original erschien im Verlag
Thomas Nelson, Nashville, Tennessee, unter dem Titel
„You changed my Life“.
All Rights Reserved. This Licensed Work published under license
© 2010 by Max Lucado
© 2011 der deutschen Ausgabe by Gerth Medien GmbH, Asslar,
in der Verlagsgruppe Random House GmbH, München
Die Kapitel dieses Buches sind den bisherigen Werken von
Max Lucado entnommen, wurden aber neu übersetzt von
Julian Müller.

Die Bibelstellen sind der Übersetzung „Hoffnung für alle“®
entnommen, Copyright © 1983, 1996, 2002 by Biblica Inc.™.
Verwendet mit freundlicher Genehmigung des Brunnen Verlags.
Alle weiteren Rechte weltweit vorbehalten.

1. Auflage 2011
Bestell-Nr. 816 635
ISBN 978-3-86591-635-8

Umschlaggestaltung und Satz: Hanni Plato
Umschlagfoto: shutterstock
Fotos im Innenteil: shutterstock, iStockphoto (35, 66, 87, 111, 174),
Corbis (162), Getty Images (43: sozaijitenDatacraft,
70: Charley Yelen, 103: Steve Allen)
Nachdruck, auch auszugsweise, nur mit Genehmigung des Verlages.

Verändert durch ...

Dieses Buch ist
für einen ganz
besonderen Menschen.

Sie.

„Für mich?", fragen Sie sich. Ja. Sie.

Sie haben im Leben eines Menschen etwas bewegt und zum Dank hat er Ihnen dieses Buch geschenkt. Sie haben genau das Richtige gesagt, etwas von sich weitergegeben, jemanden begleitet oder gefördert. Einem Freund im Schmerz beigestanden. Sie sind stehen geblieben und haben sich Zeit genommen. Haben sich für einen anderen Menschen die Finger schmutzig gemacht. Ihre Worte, Ihre Tat, Ihre Zeit – was immer es war, es kam von Herzen. Freiwillig. Und Sie haben damit ein Leben verändert.

Was Sie getan haben, bedeutete viel. Vor allem für denjenigen, der Ihnen das Buch geschenkt hat. Und noch viel mehr für den Einen, der über allem steht. „Gott ist nicht ungerecht. Er wird nicht vergessen, wie ihr für ihn gearbeitet und eure Liebe zu ihm bewiesen habt und weiter beweist durch eure Fürsorge für andere, die auch zu Gott gehören" (Hebräer 6,10).

Gott möge seinen reichen Segen über Sie ausgießen.

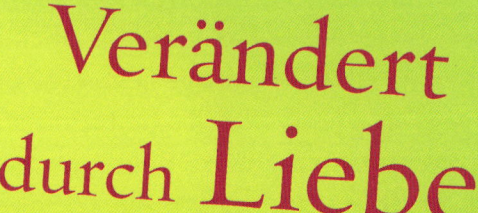

Verändert durch Liebe

LIEBE MENSCHEN
IN NOT UND
DU LIEBST JESUS.

Von der richtigen Seite betrachtet

Sie wählte die Liebe

Liebe, die Mauern überwindet

Weil mein Vater mich liebt

Eine außergewöhnliche Liebe

Er sieht Schönheit

Unerschütterlich

Warum tat er das?

Agape-Liebe

Von der richtigen Seite betrachtet

Vor mehr als einhundert Jahren wurde die englische Gemeinde West Stanley von einem schweren Unglück heimgesucht. Ein Bergwerkstollen brach ein und kostete viele der Grubenarbeiter das Leben.

Man bat Dr. Handley Moule, den Bischof von Durham, ein paar tröstende Worte an die Angehörigen zu richten. Der Bischof stellte sich an den Eingang des Bergwerks und sagte: „Es fällt uns schwer zu verstehen, warum unser Herr so ein schlimmes Unglück zulassen konnte. Aber wir kennen ihn und vertrauen darauf, dass alles gut werden wird. In meinem Besitz", fuhr er fort, „befindet sich ein Lesezeichen, das mir meine Mutter geschenkt hat. Es ist mit Seide bestickt. Wenn ich es von der falschen Seite betrachte, sehe ich nur ein Durcheinander von Fäden, die sich wirr überkreuzen. Es sieht aus, als sei ein Missgeschick passiert. Als hätte eine Person das Lesezeichen hergestellt, die nicht wusste, was sie tat. Aber wenn ich es richtig herum drehe, lese ich in kunstvoll gestickten Lettern ‚GOTT IST LIEBE'.

Wir stehen heute hier", verkündete der Bischof, „und sehen die Dinge von der falschen Seite. Eines Tages werden wir einen anderen Blickwinkel haben. Und dann werden wir es verstehen."[1]

Jetzt erkenne ich
nur Bruchstücke,
doch einmal werde ich
alles klar erkennen,
so deutlich, wie Gott
mich jetzt schon kennt.

1. Korinther 13,12

Sie wählte die Liebe

Vor Kurzem aß ich mit einem befreundeten Ehepaar zu Mittag. Die beiden erzählten mir von einer Krise, die sie gerade gemeinsam durchstanden. Durch Zufall hatte die Ehefrau von einem Seitensprung erfahren, den ihr Mann vor über zehn Jahren gemacht hatte. Er hatte es leider für besser gehalten, ihr nichts davon zu erzählen. Und nun hatte sie es herausgefunden. Verständlicherweise war sie zutiefst verletzt.

Auf Anraten eines Eheberaters ließen die beiden alles stehen und liegen und fuhren ein paar Tage weg. Sie mussten eine Entscheidung fällen: Sollten sie das Handtuch werfen? Um ihre Ehe kämpfen? Verzeihen? Sie beteten und redeten. Gingen spazieren und grübelten. Die Frau war offensichtlich im Recht: Sie hätte ihn verlassen können. Andere Frauen tun das aus viel weniger schwerwiegenden Gründen. Oder sie hätte bleiben und ihm das Leben zur Hölle machen können. Auch das haben Frauen schon getan. Aber sie entschied sich für einen dritten Weg.

Am zehnten Abend ihrer Reise fand mein Freund eine Karte auf seinem Kopfkissen. Darauf stand in gedruckten Buchstaben: „Ich würde lieber mit dir nichts tun als ohne dich irgendetwas." Darunter hatte sie geschrieben:

Ich vergebe dir. Ich liebe dich. Lassen wir das hinter uns.

Seid vielmehr freundlich
und barmherzig,
und vergebt einander,
so wie Gott euch
durch Jesus Christus
vergeben hat.

Epheser 4,32

Willst du ein Wunder erleben?

Säe ein liebes Wort ins Herz eines Menschen.

Gieße es mit einem Lächeln und einem Gebet.

Und dann beobachte, was geschieht.

Liebe, die Mauern überwindet

Wenn Sie so empfinden wie Catherine Lawes für die Insassen von *Sing Sing*, können Sie sich sicher sein, dass Ihre Liebe echt ist. Als ihr Mann Lewis 1920 zum Direktor dieses berüchtigten Hochsicherheitsgefängnisses ernannt wurde, war sie eine junge Mutter mit drei Töchtern. Alle rieten ihr davon ab, jemals einen Fuß in das Gefängnis zu setzen. Aber sie ließ diese Warnungen außer Acht. Als das nächste Basketballspiel der Häftlinge stattfand, ging sie schnurstracks ins Gefängnis, ihre drei Töchter im Schlepptau, und setzte sich zwischen die Insassen auf die Tribüne.

Einmal sagte sie: „Mein Mann und ich kümmern uns jetzt um diese Männer und sie werden sich auch um mich kümmern! Es besteht kein Grund zur Sorge." Als sie hörte, dass einer der verurteilten Mörder blind war, brachte sie ihm Blindenschrift bei, damit er in seiner Zelle lesen konnte. Später erfuhr sie, dass auch Gehörlose unter den Inhaftierten waren. Also erlernte sie die Zeichensprache, um sich mit ihnen unterhalten zu können.

Sechzehn Jahre lang öffnete sie mit ihrem Handeln immer weiter die Herzen der harten Männer von Sing Sing. 1937 konnte die Welt schließlich sehen, was ihre Liebe bewirkt hatte.

Die Häftlinge wussten sofort, dass etwas nicht stimmte, als Lewis Lawes nicht zur Arbeit erschien. Schnell sprach sich herum, dass Catherine bei einem Autounfall ums Leben gekommen war. Am nächsten Tag wurde sie zu Hause aufgebahrt, eine dreiviertel Meile vom Gefängnis entfernt. Als der stellvertretende Gefängnisdirektor am Morgen seine Runde machte, bemerkte er eine große Menschenansammlung am Tor. Alle Insassen standen dicht gedrängt am Zaun. Tränenüberströmte Gesichter. Feierliche Mienen. Niemand sprach ein Wort. Keiner bewegte sich. Sie waren gekommen, um der Frau, die ihnen ihre Zuneigung geschenkt hatte, so nah wie möglich zu sein.

Der Gefängnisdirektor traf eine außergewöhnliche Entscheidung. „Also gut, Männer, ihr dürft hingehen. Aber heute Abend erwarte ich euch wieder hier." Sie müssen bedenken, dass es sich bei diesen Männern um die berüchtigtsten Gangster Nordamerikas handelte. Mörder. Schwerverbrecher. Viele von ihnen hatten lebenslänglich bekommen.

Aber der Gefängnisdirektor ließ für sie das Tor öffnen, und ohne Begleitung oder Aufseher gingen sie zum Haus von Catherine Lawes, um dieser die letzte Ehre zu erweisen. Und bis auf den letzten Mann kehrten alle zurück.[2]

Wahre Liebe verändert Menschen.

„Ich war nackt, ihr habt mir Kleidung gegeben. Ich war krank, und ihr habt mich besucht. Ich war im Gefängnis, und ihr seid zu mir gekommen." [...] „Das will ich euch sagen. Was ihr für einen meiner geringsten Brüder getan habt, das habt ihr für mich getan!"

Matthäus 25,36.40

Liebe so,
als gäbe es kein Morgen.
Und wenn der Morgen kommt,
dann liebe weiter.

Weil mein Vater mich liebt

Wenn der Baseball im entscheidenden Augenblick aus dem Handschuh fällt, ist das für die meisten Leute kein Weltuntergang. Aber wenn man dreizehn ist und Profisportler werden möchte, schon. Es war außerdem nicht nur mein zweiter Fehler in diesem Spiel, das gegnerische Team konnte dadurch auch den entscheidenden Siegpunkt erzielen. Ich ging gar nicht erst zur Spielerbank zurück, sondern drehte mich mitten auf dem Feld um und kletterte über den Zaun. Ich war schon halb zu Hause, als mein Dad mich schließlich fand. Er sagte kein Wort. Hielt nur am Straßenrand an und machte die Beifahrertür auf. Wir schwiegen. Es gab auch nichts zu sagen. Wir wussten beide, dass dies das Ende der Welt war. Zu Hause ging ich geradewegs in mein Zimmer und er in die Küche. Kurz darauf stand er plötzlich mit Keksen und Milch vor mir, setzte sich aufs Bett, und wir aßen zusammen. Beim gemeinsamen Eintunken der Kekse wurde mir irgendwann bewusst, dass mein Vater mich auch weiterhin lieben würde. Die unausgesprochenen Regeln eines Heranwachsenden sind einfach: Wenn dich einer lieb hat, obwohl du noch nicht einmal einen Baseball fangen kannst, dann muss er es wirklich ernst meinen. Meine Fähigkeiten als Baseballspieler entwickelten sich nicht wirklich weiter, aber mein Vertrauen in die Liebe meines Vaters schon. Er sagte kein Wort. Er war einfach nur da. Und hörte zu.

Gott hat nämlich seinen Sohn nicht zu den Menschen gesandt, um über sie Gericht zu halten, sondern um sie zu retten.

Johannes 3,17

Eine außergewöhnliche Liebe

Dr. Maxwell Martz erzählt eine bemerkenswerte Geschichte über die Liebe.

Ein Mann hatte sich bei dem Versuch, seine Eltern aus einem brennenden Haus zu retten, schwere Verletzungen zugezogen. Doch seine Anstrengungen waren umsonst gewesen: Er hatte es nicht geschafft, bis zu ihnen vorzudringen, und so kamen sie im Feuer ums Leben. Bei seinem Rettungsversuch verbrannte sein Gesicht und wurde entstellt. Fälschlicherweise interpretierte er seine Schmerzen als Strafe Gottes. Niemand durfte ihn sehen – noch nicht einmal seine Frau.

In ihrer Verzweiflung suchte die Frau Dr. Maltz auf, einen plastischen Chirurgen, und dieser beruhigte sie: „Ich kann sein Gesicht wiederherstellen."

Aber die Frau zeigte sich wenig begeistert. Ihr Mann hatte schon wiederholt jede Hilfe abgelehnt. Sie wusste, er würde es auch dieses Mal tun.

Warum war sie dann gekommen?

„Ich möchte, dass Sie mein Gesicht entstellen, damit ich so bin wie er! Wenn ich seinen Schmerz teile, lässt er mich vielleicht wieder in sein Leben."

Dr. Maltz war bestürzt. Er weigerte sich natürlich, ihrem Wunsch nachzukommen. Aber die Liebe dieser Frau rührte ihn so sehr, dass er sie begleitete, um mit ihrem Mann zu reden. Er klopfte an die Schlafzimmertür. „Ich bin Arzt für plastische Chirurgie, und Sie sollen wissen, dass ich Ihr Gesicht wiederherstellen kann."

Es kam keine Antwort.

„Kommen Sie doch bitte heraus."

Nichts rührte sich.

Dr. Maltz sprach weiter durch die Tür und erzählte dem Mann vom Vorschlag seiner Frau. „Sie möchte, dass ich ihr Gesicht entstelle, damit es so aussieht wie das Ihre. Sie hofft, dass sie auf diese Weise wieder an Ihrem Leben teilhaben kann. So sehr liebt Ihre Frau Sie!"

Einen Augenblick lang war es still. Dann, unendlich langsam, begann sich der Türknauf zu drehen.[3]

Er sieht Schönheit

Vor Jahren lernte ich eine Frau kennen, die wahre Liebe erlebt hat.

Nach einer Operation am Gehirn gehorchte ihr ein Gesichtsnerv nicht mehr. Was ihr blieb, war ein schiefes Lächeln. Nach dem Eingriff traf sie die Liebe ihres Lebens. Folgendermaßen hat sie ihn mir gegenüber beschrieben: „Er sieht nichts Verschrobenes oder Hässliches an mir. Noch nie, auch nicht, wenn er wütend war, hat er sich über mein Aussehen lustig gemacht. Er kennt mich nicht anders. Wenn ich in den Spiegel schaue, sehe ich meine Deformierung. Aber mein Mann sieht Schönheit."

Was bleibt, sind Glaube, Hoffnung und Liebe. Die Liebe aber ist das Größte.

1. Korinther 13,13

Ein wenig Regen
richtet eine Blume auf.
Ein wenig Liebe
verwandelt ein Leben.

Unerschütterlich

Seit fünf Jahren lebt meine Mutter in einer Einrichtung für betreutes Wohnen hier in der Nähe. In den ersten Monaten fiel es mir schwer, zwischen all den Falten, Gehhilfen, Rollstühlen und Zahnprothesen die Farben des Lebens zu sehen. Jeder Besuch deprimierte mich und führte mir vor Augen, wie sehr die Kräfte meiner Mutter nachließen und wie sehr ihre Erinnerung schwand.

Aber dann versuchte ich, eine Empfehlung aus einem meiner Bücher selbst in die Tat umzusetzen: Jeder Tag hat eine Chance verdient – auch im Alter. Und ich entdeckte die ersten zarten grünen Pflänzchen zwischen all den Bewohnern.

Zum Beispiel in der Ergebenheit der siebenundachtzigjährigen Elaine, die am Mittagstisch neben meiner gleichaltrigen Mutter sitzt. Elaine schneidet das Essen meiner Mutter in kleine Stücke, damit diese es leichter zu sich nehmen kann.

Oder im unerschütterlichen Eifer von Lois, der fast achtzig ist und trotz einer schweren Arthritis in beiden Knien jeden Morgen freiwillig Kaffee ausschenkt.

In der Liebe von Joe und Barbara, die die Zeit überdauert hat: siebzig Jahre – nicht Lebensjahre, sondern Ehejahre. Abwechselnd schiebt einer den anderen im Rollstuhl. Barbaras Fingergelenke sind durch Arthritis angeschwollen. Keine fünf Minuten nach dem Beginn unserer Unterhaltung zeigte mir Joe sorgenvoll ihre Hand.

Und dann ist da noch Bob, der nach einem Schlaganfall stumm und halbseitig gelähmt ist. Auf einem Bild an seiner Zimmertür ist ein adretter junger Mann in Uniform zu sehen. Bob war es gewohnt, Befehle zu erteilen und Truppen zu kommandieren. Heute bedient er mit der gesunden Hand den Steuerknüppel seines Rollstuhls. Er fährt von Tisch zu Tisch, um die Mitbewohner mit dem einzigen Laut zu begrüßen, den er noch von sich geben kann: „Hmpf."

Erst sah ich nur Alter, Krankheit und verwelkte Lebenskraft. Jetzt sehe ich Liebe, Tapferkeit und unerschütterliche Herzensgüte.

Ob ich mich als Christ weiterentwickle, zeigt sich im **lauten Alltag,** nicht in der Stillen Zeit.

Warum tat er das?

Jim Redmonds Sohn Derek war Favorit für den 400-Meter-Lauf bei den Olympischen Spielen 1992 in Barcelona. Im Halbfinale spürte der sechsundzwanzigjährige Brite plötzlich einen brennenden Schmerz im Bein. Seine Achillessehne war gerissen und er sank zu Boden.

Die Sanitäter eilten mit der Trage herbei, aber Derek kämpfte sich wieder auf die Beine. „Es war nur noch reiner Instinkt", sagte er später. Er schob die Trainer beiseite und begann auf einem Bein hüpfend das Rennen zu beenden. Als er in die Zielgerade einbog, drängte sich ein kräftiger Mann durch die Menge. Er trug ein T-Shirt, auf dem zu lesen war: „Heute schon dein Kind umarmt?" Sein Hut ergänzte die Herausforderung: „Just Do It." Es war Jim Redmond, Dereks Vater.

„Du musst das nicht machen", rief er seinem Sohn zu, der vor Schmerzen weinte.

„Doch, muss ich", beharrte Derek.

„Also gut", erwiderte Jim, „dann beenden wir dieses Rennen gemeinsam."

Und das taten sie. Jim legte Dereks Arm um seine Schulter und half ihm, zur Ziellinie zu humpeln. Er wehrte das Sicherheitspersonal ab und passte auf, dass Derek in seiner Bahn blieb. Zeitweise lehnte Dereks Kopf an der Schulter seines Vaters.

Die Menge applaudierte. Und stand auf. Tausende feuerten Vater und Sohn an und weinten, als die beiden das Rennen beendeten.

Was hatte den Vater zu seinem Handeln bewegt? Warum hatte er seinen Tribünenplatz verlassen und sich zu seinem Sohn durchgekämpft? War es die Stärke seines Kindes? Nein. Es war der Schmerz seines Sohnes. Sein Kind war verletzt und kämpfte trotz allem weiter, um das Rennen zu beenden. Deswegen kam der Vater und half ihm, es zu schaffen.

Agape-Liebe

Einmal durfte ich erleben, was wahre, tiefe Liebe ist, und zwar bei einem älteren Ehepaar, das seit fünfzig Jahren miteinander verheiratet war. Während des letzten Jahrzehnts war ihr Glück jedoch durch ihre Demenz getrübt worden. Der Mann pflegte seine Frau zu Hause, so gut er konnte, aber ihre Erkrankung verschlimmerte sich zusehends, und er wurde auch immer älter. Also gab er sie schließlich in ein Pflegeheim.

Eines Tages bat er mich, seine Frau zu besuchen. Ihr Zimmer war dank seiner unermüdlichen Sorgfalt blitzblank. Sie lag auf dem Bett, gebadet und vollständig angekleidet, obwohl sie nirgendwo hingehen würde.

„Ich komme jeden Morgen um Viertel nach sechs", erklärte er mir strahlend. „Man könnte meinen, ich sei ihr Pfleger. Ich füttere sie, bade sie und bleibe bei ihr. Und zwar so lange, bis einer von uns stirbt." Das ist *Agape*-Liebe.

Verändert durch
Freundlichkeit

WAS DU IM NAMEN
GOTTES TUST,
ÜBERDAUERT DEIN LEBEN.

Ein Herz wie Christus

Eine Geste der Freundlichkeit

Freundlichkeit zahlt sich aus

Ein Kuss wie im Märchen

Kleine Taten, große Wirkung

Und Jake lief

Ein mitfühlendes Wort

Ein Herz wie Christus

In einer kleinen Gemeinde in Arkansas lebte eine alleinerziehende Mutter mit einem kränklichen Baby. Alle paar Tage passte eine Nachbarin auf das Kind auf, damit die Frau Besorgungen machen konnte. Nach einigen Wochen gab die Nachbarin mehr als nur ihre Zeit; sie gab ihren Glauben weiter. Und die junge Mutter tat das, was auch Matthäus getan hatte: Sie folgte Jesus nach.

Die Freunde der jungen Mutter protestierten. „Weißt du überhaupt, woran diese Leute alles glauben?"

„Ich sage euch, was ich weiß", antwortete die Mutter. „Sie haben sich um mein Kind gekümmert."[4]

Ich entscheide mich für die

Freundlichkeit ...

Ich will freundlich zu den Armen sein,

denn sie sind allein.

Freundlich zu den Reichen,

denn sie haben Angst.

Und freundlich zu den Unfreundlichen,

denn so hat mich Gott auch behandelt.

Eine Geste
der Freundlichkeit

Ein Freund erzählte mir von einer amüsanten Geste der Freundlichkeit, die er auf einer Wohltätigkeitsveranstaltung miterlebt hatte, bei der man Geld für eine Schule sammeln wollte. Jemand hatte einen reinrassigen Welpen gespendet, der vielen Gästen Herz und Geldbeutel öffnete. Zweien von ihnen besonders.

Sie saßen an gegenüberliegenden Seiten des Festsaals, ein Mann und eine Frau. Während der Versteigerung hagelte es zunächst aus allen Richtungen Gebote, doch diese beiden erwiesen sich als die entschlossensten Bieter. Die meisten stiegen aus, diese beiden jedoch nicht. Sie überboten sich gegenseitig, bis der Preis auf mehrere tausend Dollar gestiegen war. Hier ging es längst nicht mehr um einen Welpen. Es ging ums Gewinnen. Das Wimbledon-Finale war in vollem Gange und keiner wollte freiwillig den Platz verlassen. (Ob sie überhaupt merkten, dass der Schuldirektor sich schon die Hände rieb?) Schließlich lenkte der Mann ein und gab kein Gegengebot mehr ab. „Zum Ersten, zum Zweiten und zum Dritten!"

Die Spannung im Publikum entlud sich in einem Applaus und die Dame bekam ihre schwanzwedelnde Trophäe überreicht. Ihre Gesichtszüge entspannten sich zunächst, dann errötete sie. Vielleicht hatte sie ganz vergessen, wo sie war. Eines hatte sie ganz sicher nicht vorgehabt: Auf einer piekfeinen Veranstaltung die kompletten zwölf Runden in den Ring zu steigen. Und genauso wenig, der Welt ihren inneren Kampfhund zu zeigen.

Und wissen Sie, was sie dann tat? Als der Applaus abebbte, ging sie zur gegenüberliegenden Seite des Saals hinüber und überreichte ihrem Konkurrenten den Welpen.

Stellen Sie sich vor, Sie gingen so mit Ihrer Konkurrenz um. Was wäre, wenn Sie Ihre Rivalen mit Freundlichkeit überraschen würden? Leicht gesagt? Das stimmt. Aber Gnade ist die tiefste und innigste Geste der Freundlichkeit.[5]

Freundlichkeit zahlt sich aus

Baron von Rothschild bat einst den Maler Ary Scheffer, ihn zu porträtieren. Obwohl er ein reicher Bankier war, posierte der Freiherr als Bettler in Lumpen mit einem Zinnbecher in der Hand. Während einer der Sitzungen kam ein Freund des Malers zu Besuch. Er hielt Rothschild für einen echten Bettler und warf eine Münze in dessen Becher.

Zehn Jahre später erhielt dieser Mann einen Brief des Barons mit einem Scheck über zehntausend Francs. Die Nachricht lautete: „Einst gaben Sie dem Baron von Rothschild im Atelier von Ary Scheffer eine Münze. Er hat das Geld angelegt und übersendet Ihnen hiermit das anvertraute Kapital mit Zinseszins zurück. Eine gute Tat ist immer ein Vermögen wert."[6]

Freundlichkeit

ist ansteckend.

Gutherzige Menschen

stellen ihre Freundlichkeit nicht zur Schau.

Sie lassen dem Drängler die Vorfahrt und

bitten die Mutter mit drei Kindern

in der Schlange an der Kasse nach vorn.

Sie stellen die umgefallene Mülltonne

des Nachbarn einfach wieder auf.

Ein Kuss
wie im Märchen

Ich erhielt einen Anruf von meinem Freund Kenny. Er war gerade aus dem Familienurlaub in *Disney World* zurückgekehrt. „Ich habe etwas Unglaubliches erlebt", begann er. „Das muss ich dir unbedingt erzählen."

Er besichtigte gerade mit seiner Familie das Schloss von Cinderella. Es war überfüllt mit Kindern und Eltern. Plötzlich stürmten die Kleinen auf eine Seite des Saals. Wäre das Schloss ein Schiff gewesen, es wäre gekentert. Cinderella war gekommen!

Cinderella. Die Prinzessin aus dem Märchen. Kenny erzählte, dass sie dem Bild vollkommen entsprach: ein bildhübsches Mädchen, jede Haarsträhne saß an ihrem Platz, makellose Haut und ein strahlendes Lächeln. Die junge Frau stand regelrecht in einem Garten von Kindern, alle von dem Wunsch beseelt, sie zu berühren oder von ihr berührt zu werden.

Aus irgendeinem Grund drehte Kenny sich um. Die andere Seite des Saals war wie leer gefegt – bis auf einen Jungen, der etwa sieben, acht Jahre alt sein mochte. Sein genaues Alter war schwer zu bestimmen, weil er so entstellt war. Er war kleiner als andere Kinder, das Gesicht verunstaltet, und er hielt sich an der Hand seines älteren Bruders fest und betrachtete von fern still und sehnsüchtig das bunte Treiben.

Sein größter Wunsch war nicht schwer zu erraten: Er wollte bei den anderen Kindern sein. Wollte sich mitten in den Kinderschwarm hineinbegeben, wollte Cinderella berühren und ihren Namen rufen. Aber man konnte seine Angst spüren. Angst vor Ablehnung. Angst davor, gehänselt und ausgelacht zu werden.

Wäre es nicht großartig, wenn Cinderella zu ihm hinübergehen würde? Dreimal dürfen Sie raten: Genau das tat sie.

Cinderella bemerkte den kleinen Jungen und machte sich sofort auf in seine Richtung. Höflich, aber bestimmt bahnte sie sich einen Weg durch die Kinderschar. Dann ging sie zügig zur anderen Seite, kniete sich vor den völlig verblüfften Jungen und gab ihm einen Kuss auf die Wange.

Freundlichkeit

wünscht nicht nur einen guten Morgen.

Sie macht auch den Kaffee.

Kleine Taten,
große Wirkung

Der Zweite Weltkrieg hatte Deutschland stark gebeutelt und viele Opfer gefordert. Lebensmittel waren ausgesprochen knapp. In Berlin schlachtete die russische Besatzungsmacht die Gebäude aus, bis nur noch deren Skelette standen, und hungerte auch die Einwohner der Stadt aus. Lebensmittellieferungen wurden weder auf dem Land- noch auf dem Wasser- oder Schienenweg in die Stadt gelassen. Das amerikanische und britische Militär rief daraufhin die Luftbrücke von 1948 ins Leben. Elf Monate lang brachten damals Flugzeuge tonnenweise Nahrungsmittel für die zweieinhalb Millionen Einwohner Westberlins.

Gail Halvorsen war einer dieser amerikanischen Piloten. Nachdem er eines Tages wieder einmal in Berlin gelandet war, unterhielt sich der siebenundzwanzigjährige Flugkapitän durch einen Stacheldrahtzaun mit etwa dreißig deutschen Kindern. Obwohl sie hungrig und arm waren, beklagten sie sich nicht oder bettelten ihn an.

Halvorsen imponierte dies. Er holte zwei Kaugummis aus seiner Hosentasche, teilte sie in vier Hälften und reichte sie durch den Zaun. „Die Kinder sahen aus, als hätte ich ihnen eine Million Dollar gegeben", erzählte er später. „Sie hielten das winzige Stück Kaugummipapier an die Nase und rochen begeistert daran. Sie waren auf Wolke sieben! Ich war sprachlos."

Die Notlage der Kinder rührte Halvorsen sehr. Er versprach, am nächsten Tag wiederzukommen und noch mehr Kaugummis aus dem Flugzeug abzuwerfen. Die Kinder fragten, wie sie ihn erkennen würden, da doch jede halbe Stunde ein Transportflugzeug landete. „Ich werde mit den Flügeln wackeln", antwortete der junge Pilot.

Halvorsen kehrte zur *Rhein-Main Air Base* zurück und kaufte seinen Kollegen ihre Kaugummi- und Süßigkeitenrationen ab. Dann knotete er sie an kleine Fallschirme aus Taschentüchern, lud sie in seine C-54 und machte sich auf den Weg. Wie versprochen wackelte er mit den Flügeln, als er über Berlin flog. Die Kinder auf den Straßen entdeckten ihren Freund und eilten herbei, um die herabsegelnden Süßigkeiten aufzusammeln.

Die *Operation Little Vittles* (kleiner Proviant) hatte begonnen. Rasch zog sie weite Kreise. Innerhalb von drei Wochen hatte die *Air Force* sie genehmigt und in den folgenden Monaten warfen amerikanische Flugzeuge drei Tonnen Süßigkeiten über der Stadt ab. Halvorsen wurde als „Onkel Wackelflügel" bekannt.[7]

Wer anderen
Gutes tut, dem
geht es selber gut;
wer anderen hilft,
dem wird geholfen.

Sprüche 11,25

Und Jake lief

Als der siebzehnjährige Jake Porter auf das Football-feld lief, jubelten beide Mannschaften. Im Grunde hatten sie allerdings wenig Grund dazu. Er spielte zwar seit drei Jahren im Team seiner Highschool, doch sein Trikot war nur selten schmutzig gewesen. Die Fans aus McDermott, Ohio, hatten Jake nie mit dem Football in der Hand erlebt oder gesehen, wie er einen Gegner zu Fall brachte. Genauso wenig las er ein Buch oder brachte mehr als einen Satz zu Papier. Kinder mit Fragiles-X-Syndrom, einer häufig auftretenden geistigen Entwicklungsstörung, bringen es selten so weit.

Aber Jake liebte Sport. Jeden Tag nach dem Sonderunterricht eilte er zu irgendeiner Sportgruppe: Leichtathletik, Baseball, Basketball. Er war immer dabei. Und wurde doch nie aufgestellt.

Bis zum Spiel gegen *Waverly*.

Jakes Trainer hatte sich schon vor dem Kickoff entschieden: Wenn der Spielstand so eindeutig war, dass selbst die letzten Sekunden nichts mehr daran ändern konnten, würde er Jake einwechseln. Und so kam es auch.

Die Uhr zeigte noch fünf Sekunden Spielzeit an und Jakes Mannschaft lag zweiundvierzig zu null hinten, als der Trainer eine Auszeit nahm.

Er bedeutete dem gegnerischen Teamchef, dass er mit ihm sprechen wolle. Als dieser von seinem Plan hörte, schüttelte er den Kopf und winkte ab. Mit diesem Plan war er nicht einverstanden. In diesem Augenblick brach ein Schiedsrichter die Unterredung ab und das Spiel wurde fortgesetzt.

Der Quarterback nahm den Ball und gab ihn Jake. Dieser wusste genau, was zu tun war: ein Knie auf den Boden und warten, bis die Zeit abgelaufen war. Schließlich hatten sie das die ganze Woche geübt. Zu seiner Überraschung ließen seine Teamkollegen das nicht zu. Sie riefen ihm zu, er solle laufen. Also stürmte Jake los. In die falsche Richtung. Der Linienrichter musste ihn an der Grundlinie aufhalten und zurückschicken.

Da tat die Verteidigung des *Waverly*-Teams das Ihrige: Der Trainer der Gastmannschaft hatte gar nichts gegen die Einwechslung. Er war völlig damit einverstanden, dass Porter den Ball bekommen sollte – allerdings nicht nur, um im Ballbesitz zu sein, während die letzten Sekunden verstrichen. Er wollte, dass Jake punktete. Also teilte sich die Mannschaft von *Waverly* wie das Rote Meer für Mose und feuerte Jake an loszulaufen. Und Jake lief. Er grinste und tanzte und hüpfte den ganzen Weg bis zur Endzone.

An beiden Spielfeldrändern wurde gejubelt. Mütter weinten, Cheerleader machten Luftsprünge, und Jake Porter hatte ein Lächeln im Gesicht, als hätte er den Jackpot geknackt, ohne überhaupt einen Lottoschein ausgefüllt zu haben.[8]

> Ihr seid das Licht,
> das die Welt erhellt. [...]
> Genauso soll euer Licht
> vor allen Menschen leuchten.
> Sie werden eure guten
> Taten sehen und euren Vater
> im Himmel dafür loben.
>
> Matthäus 5,14.16

Wenn du ein gutes Wort
für den übrig hast,
der es gerade braucht,
dann ist bereits das
Anbetung.

Ein mitfühlendes Wort

Der große russische Schriftsteller Leo Tolstoi erzählt, wie er eines Tages auf der Straße einem Bettler begegnete. Tolstoi griff in seine Hosentasche, um ihm ein Almosen zu geben, aber sie war leer. Er wandte sich dem Mann zu und sagte: „Verzeih, Bruder, ich kann dir nichts geben."

Das Gesicht des Bettlers hellte sich auf. „Du hast mir mehr gegeben, als ich erwartet hatte – du hast mich ‚Bruder' genannt."

Wer geliebt wird, für den ist ein mitfühlendes Wort nur ein Krümel. Aber für den, der nach Liebe hungert, ist ein liebevolles Wort wie ein Festmahl.

Verändert durch Hingabe

GOTT VERÄNDERT
DIE WELT MIT LEUTEN
WIE DIR UND MIR.

Das Versprechen

Gerettet

Felsenfest

Mehr als nur Unterricht

Auf den Spuren
des verlorenen Sohns

Der Starke tritt für den
Schwachen ein

Gemeinsam bis zum Gipfel

Das Versprechen

Dem Erdbeben 1989 in Armenien genügten vier Minuten, um das Land zu verwüsten und dreißigtausend Menschen zu töten. Sofort nachdem die verheerenden Erdstöße abgeebbt waren, raste ein Vater mit dem Auto zur Grundschule seines Sohnes, um sein Kind zu retten. Dort angekommen, musste er feststellen, dass das gesamte Gebäude dem Erdboden gleichgemacht worden war. Angesichts der Menge an Schutt und Trümmern erinnerte er sich an ein Versprechen, das er einst seinem Kind gegeben hatte: „Egal, was passiert, ich bin immer für dich da." Getrieben von dem Wunsch, sein Versprechen zu halten, suchte er den Bereich, in dem das Klassenzimmer seines Sohnes gewesen sein musste, und fing an, die Steine beiseitezuräumen.

Andere Eltern trafen ebenfalls ein und weinten um ihre Kinder. „Es ist zu spät", sagten sie dem Vater. „Die Kinder sind tot. Das wissen Sie doch auch. Wir können nichts mehr für sie tun!" Selbst ein Polizist riet ihm aufzuhören.

Aber der Vater weigerte sich. Erst acht Stunden, dann sechzehn, zweiunddreißig und schließlich sechsunddreißig Stunden lang grub er. Seine Hände waren mit Wunden übersät, und seine Kräfte hatten längst nachgelassen, aber er hörte nicht auf. Schließlich, nach achtunddreißig zermürbenden Stunden, zog er einen Brocken beiseite und vernahm die Stimme seines Sohnes.

„Arman! Arman!", rief er.

„Papa, ich bin's!", hörte er die Antwort. Und dann fügte der Junge die unvergleichlichen Worte hinzu: „Ich habe den anderen Kindern gesagt, dass sie keine Angst zu haben brauchen. Wenn du lebst, habe ich ihnen gesagt, dann wirst du mich retten. Und wenn du mich rettest, dann werden auch sie gerettet. Weil du mir versprochen hast: ‚Egal, was passiert, ich bin immer für dich da!'"[9]

Ich bin immer bei euch, bis das Ende dieser Welt gekommen ist!

Matthäus 28,20

Gerettet

Ernstena ist die Frau eines Pastors, Clara ist Geschäftsfrau und Jo Anne hatte gerade erst eine kleine Hilfsorganisation gegründet. Gemeinsam reisten sie nach Kambodscha, um ihren Freund Jim-Lo zu besuchen, einen befreundeten Missionar. Er führte sie in ein Stadtviertel, in dem das Sex-Gewerbe blühte. Geschätzte fünfzehntausend Frauen boten dort ihren Körper zum Verkauf an. Über einhunderttausend junge Frauen waren zu diesem Zeitpunkt in Kambodscha bereits gegen ihren Willen zur Prostitution gezwungen worden. Jo Anne, Clara, Ernstena und Jim-Lo blickten in die Gesichter von Teenagern, ja, sogar Kindern. Hinter jedem einzelnen verbarg sich eine erschütternde Geschichte. Sie machten Fotos, bis die Zuhälter drohten, ihnen die Kamera wegzunehmen. Die vier Christen wussten nicht, was sie tun sollten – außer zu beten.

Und so wurde diese zwielichtige Straße zu einem Gebetsanliegen, das sie immer wieder vor Gott brachten. *Herr, was willst du, das wir tun?* Ihre Verzweiflung war so überwältigend, dass sie gemeinsam weinten.

Und dann erhörte Gott ihr Gebet und zeigte ihnen, was zu tun war. Nach ihrer Rückkehr in die Vereinigten Staaten schrieb Jo Anne einen Zeitungsartikel über das Erlebte, woraufhin ein Leser einen beachtlichen Geldbetrag überwies. Mit dieser Spende gründeten die Frauen *World Hope International*, eine Organisation gegen den Menschenhandel, die unter anderem einen Unterschlupf für junge Frauen zur Verfügung stellt, nachdem diese aus den Bordellen geflüchtet sind oder gerettet wurden. Innerhalb von nur drei Jahren brachten sie auf diese Weise vierhundert Kinder im Alter von zwei bis fünfzehn Jahren in Sicherheit.

Als das amerikanische Außenministerium eine Veranstaltung unter dem Motto „Ehrung der modernen Sklavengegner des 21. Jahrhunderts" ausrichtete, wurde *World Hope International* ausgezeichnet. Sie baten sogar eine der Frauen, ein Gebet zu sprechen. Das Gebet, das auf einer kambodschanischen Straße begann, setzte sich vor einigen der einflussreichsten Regierungsvertretern der Welt fort.[10]

Felsenfest

Der Sommer war lang. Ich war dreizehn und spielte für die örtliche Baseballmannschaft im linken Feld. Ich hielt den Rekord in den meisten Strikeouts. Allerdings als Schlagmann, nicht als Werfer. In der gesamten Saison konnte ich nur zwei Treffer auf meinem Konto verbuchen. Über sechzig Mal hatte ich den Schläger in der Hand, aber getroffen hatte ich nur zwei Mal.

Zwei Treffer! Das ging noch nicht einmal mehr als „Formtief" durch. Viele Male machte ich den langen Weg vom Schlagmal zur Spielerbank. Schließlich war es sogar so weit, dass meine Mannschaftskollegen stöhnten, wenn ich aufgerufen wurde. (Die andere Mannschaft hingegen grölte.) Dadurch war das Selbstbild dieses Dreizehnjährigen, der davon träumte, einst als Profi für die *Dodgers* aufzulaufen, ziemlich angeknackst.

Das Einzige, was in diesem Sommer richtig war, war die Einstellung, die meine Eltern angesichts meines „Formtiefs" an den Tag legten. Sie verpassten kein einziges Spiel. Nicht eines. Soweit ich mich erinnern kann, waren ihre Plätze nicht ein einziges Mal leer. Ich war immer noch ihr kleiner Junge, auch wenn ich der Strikeout-König der Liga war. Ihr Engagement, ihre Zuneigung waren unabhängig von meinen Leistungen. Durch sie lernte ich, wie wichtig Hingabe ist.

> Mach dich ohne zu zögern an die Arbeit! Hab keine Angst, und lass dich durch nichts entmutigen!
> Denn der Herr, mein Gott, wird dir dabei helfen.
> Er steht zu dir und verlässt dich nicht.
>
> 1. Chronik 28,20

Schenke Menschen
mit deinen Worten Kraft.
Glaube an sie,
so wie Gott an dich geglaubt hat.

Mehr als
nur Unterricht

Eine Bekannte von mir ist Lehrerin an einer Grundschule. Liebevoll kümmert sie sich um eine Klasse mit ganz besonderen Kindern. Hier eine E-Mail, die sie an ihren Bekanntenkreis schrieb:

Ich möchte euch bitten, für meine Schüler zu beten. Jeder von euch ist sehr beschäftigt, das weiß ich. Aber wann immer ihr Zeit habt: Ich weiß, dass konkrete Gebete etwas bewirken. Bitte betet für:

Randy (klügster Junge in der Klasse — Mutter spricht kein Englisch — gerade aus Washington zugezogen — auf dem rechten Auge blind, weil er sich mit einem scharfen Gegenstand ins Auge gestochen hat, als er drei war)

Henry (lernbehindert — gibt sich tapfer ganz viel Mühe — braucht fast eine Minute, um zwei Wörter zu sagen — hat sich mittlerweile an mich gewöhnt, aber am Anfang fiel es ihm wirklich schwer mitzukommen!)

Richard (lächelt dich so herzlich an, dass du ihm einfach nicht böse sein kannst — seine Mutter ist kaum älter als ich — sehr schlau und richtig frech, genauso, wie ich Kinder mag!)

Anna (lernbehindert — beide Eltern können weder lesen noch schreiben oder Auto fahren — sie haben vier Kinder!!! Wer weiß, wie die das packen — malt mir jeden Tag ein Bild, schreibt in ihren Buchstabierübungen über mich, ich bin die Hauptfigur in ihren Geschichten)

Und die Liste geht weiter. Darauf stehen ebenfalls die taube Sara, der zerstreute, aber fürsorgliche Terrell, die Vorzeigeschülerin Alicia, die herrische, aber kreative Kaelyn.

Erfüllt diese Lehrerin einen Lehrplan oder einen Auftrag von oben? Verbringt sie ihren Tag mit Arbeit oder im Dienst für Gott? Arbeitet sie für Geld oder für den Herrn?

Zunächst danke ich meinem Gott durch Jesus Christus dafür, dass man von eurem Glauben überall in der Welt nur Gutes hört. Und wie oft ich an euch denke, dafür ist Gott mein Zeuge.

Römer 1,8–9

Auf den Spuren
des verlorenen Sohns

Als ich sieben war, lief ich von zu Hause fort. Ich hatte die Nase voll von den Regeln meines Vaters und beschloss, dass ich auch allein sehr gut klar kam. Ich stopfte ein paar Kleidungsstücke in eine Tüte, stürmte aus der Hintertür und marschierte die Straße hinunter. Wie der verlorene Sohn beschloss ich, dass ich keinen Vater mehr brauchte. Anders als der verlorene Sohn kam ich jedoch nicht sehr weit. Als ich nämlich am Ende der Straße angekommen war, merkte ich, dass ich Hunger hatte, und kehrte um.

Selbst wenn meine Auflehnung nur von kurzer Dauer war, handelte es sich doch um Auflehnung. Hätte mich jemand nach meinem Vater gefragt, als ich da auf den Spuren des verlorenen Sohns unterwegs war, hätte ich ihm geradeheraus geantwortet: „Ich brauche keinen Vater mehr. Ich bin schon groß genug und brauche die Regeln in meiner Familie nicht mehr. Ich bin jetzt mein eigener Herr." Ich kann mich nicht erinnern, das tatsächlich zu jemandem gesagt zu haben, aber gedacht habe ich es schon. Und ich erinnere mich auch noch gut daran, dass ich ziemlich kleinlaut durch die Hintertür ins

Haus schlich und mich auf meinen Platz am Abend-
brottisch setzte, gegenüber von meinem Vater, mit
dem ich nur Minuten zuvor nichts mehr hatte zu
tun haben wollen.

Wusste er von meinem Aufstand? Ich nehme es
an. Wusste er, dass ich ihn abgelehnt hatte? Meis-
tens spüren Väter so etwas. War ich trotzdem noch
sein Sohn? Allem Anschein nach ja. (Jedenfalls saß
niemand anderes auf meinem Platz.) Stell dir vor,
derjenige, der mich auf der Straße angehalten hätte, wäre nun zu meinem Vater gegangen und hätte
gesagt: „Mister Lucado, Ihr Sohn sagt, er brauche
keinen Vater mehr. Ist er in Ihren Augen trotzdem
noch Ihr Sohn?" Was hätte er wohl geantwortet?
Ich muss gar nicht lange über seine Antwort nach-
denken. Er nannte sich mein Vater, auch wenn ich
mich nicht seinen Sohn nennen wollte. Seine Zuneigung zu mir war größer als meine Zuneigung zu
ihm.

Gott liebt mich

und macht mich zu seinem Kind.
Gott liebt meinen Nachbarn und
macht ihn zu meinem
Bruder.

Der Starke tritt für den Schwachen ein

Während einer Besprechung im Weißen Haus, in der es um die AIDS-Problematik ging, erlebte ich einmal, wie ein Starker für einen Schwachen eintrat. Die meisten Anwesenden vertraten Hilfsorganisationen, aber auch ein paar Pastoren waren eingeladen worden. Auf der Agenda stand unter anderem eine Fragestunde mit einem Mitarbeiter des Weißen Hauses. Er war mit der Verwaltung von mehreren Milliarden Dollar betraut, die für die Prävention und Behandlung von AIDS bereitgestellt worden waren. Es gab jede Menge Fragen: Wie bewirbt man sich um diese Mittel? Mit wie viel finanzieller Unterstützung kann eine Organisation rechnen? Welche Kriterien müssen bei der Verwendung der Gelder beachtet werden? Die meisten Fragen kamen von Organisationsvertretern. Wir Pastoren hielten uns im Hintergrund.

Nicht aber Bob Coy. Bob ist Pastor einer großen Gemeinde in Fort Lauderdale, Florida. Aus früheren Gesprächen wusste ich, dass ihm AIDS-Kranke besonders am Herz liegen. Als Bobs Hand nach oben schoss, erwartete ich eine Frage zur Verfahrensweise. Ich lag falsch. Seine Frage war persönlicher Natur. „Ein Freund von mir, der in Miami lebt, stirbt gerade an AIDS. Seine Medikamente kosten zweitausend Dollar im Monat. Die Versicherung weigert sich, diese Kosten zu übernehmen. Mich würde interessieren, ob ich hier für ihn etwas Unterstützung bekomme."

Der Mitarbeiter des Weißen Hauses reagierte überrascht, aber höflich. „Äh, natürlich. Nach der Veranstaltung stelle ich für Sie einen Kontakt zur zuständigen Person her."

Der Pastor war entschlossen, sein Problem zur Chefsache zu machen, und blieb stehen. Er hielt einige Papiere hoch. „Ich habe seine Unterlagen mitgebracht. Falls Sie noch mehr brauchen, kann ich die gern nachliefern."

Der Regierungsangestellte blieb höflich. „In Ordnung. Nach der Veranstaltung."

Er hatte ein, zwei andere Fragen beantwortet, als er bemerkte, dass der Pastor aus Florida sich wieder zu Wort meldete. Dieses Mal kam der Geistliche ohne Umschweife zum Punkt.

„Ich denke immer noch an meinen Freund", erklärte er. „Wer unterschreibt hier die Schecks?"

„Wie bitte?"

„Wer unterschreibt hier die Schecks? Ich möchte einfach nur mit dem Menschen reden, der die Entscheidungsgewalt hat. Und dafür möchte ich wissen: Wer unterschreibt hier die Schecks?"

Mein erster Gedanke war: *Was für eine Unverschämtheit!* Ein Pastor reißt eine Veranstaltung im Weißen Haus an sich, um einem Freund zu helfen. Doch mein zweiter Gedanke ging in eine ganz andere Richtung: *Was für eine Zuneigung!* Ob der bettlägerige Freund in Florida wohl wusste, dass sich jemand nur ein paar Meter vom Oval Office entfernt für sein Anliegen einsetzte?

Der AIDS-Kranke hatte keine Stimme, keinen Einfluss und keinerlei politische Macht. Aber er hatte einen Freund. Und der setzte sich für ihn ein.

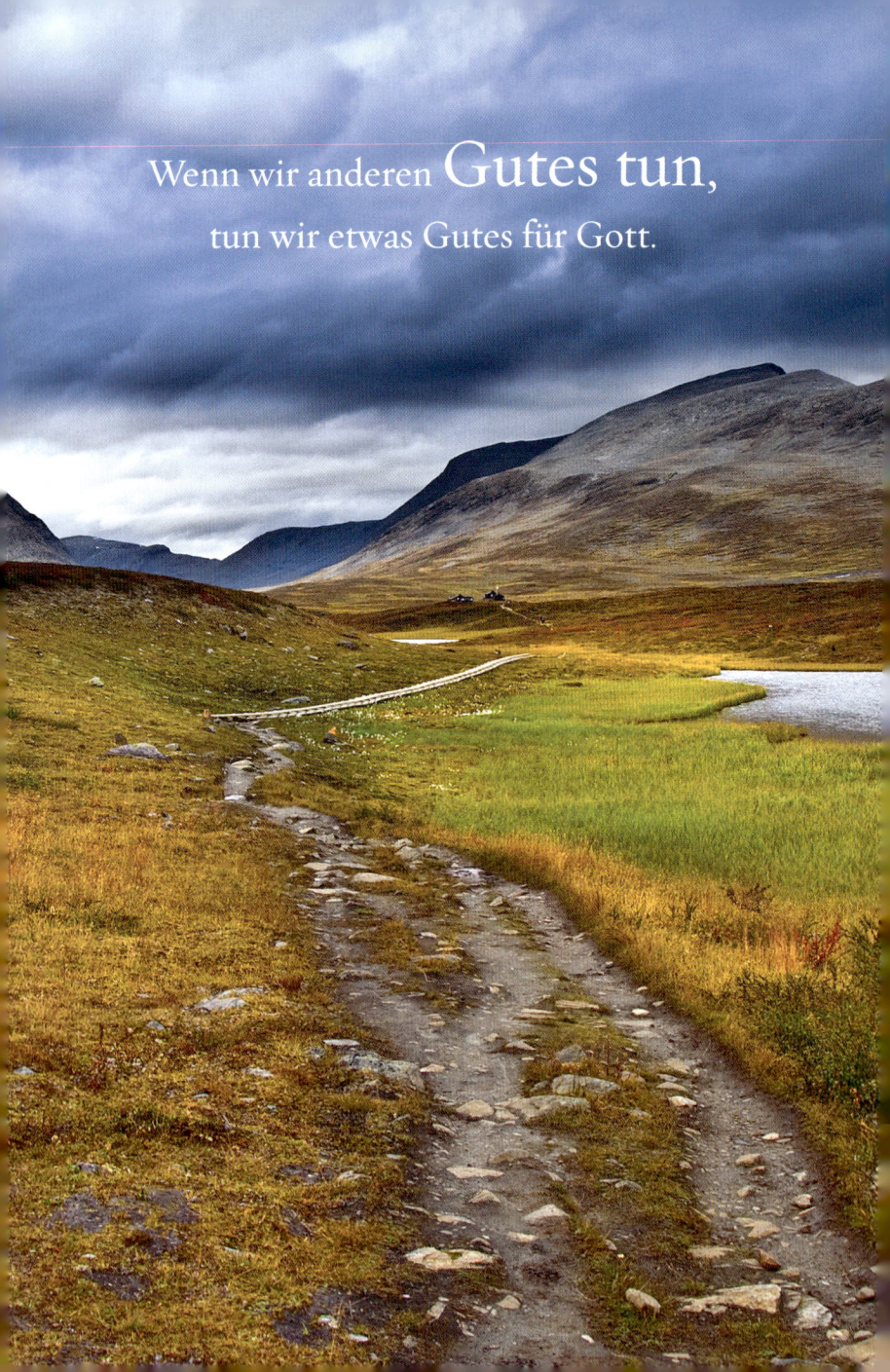

Wenn wir anderen Gutes tun,
tun wir etwas Gutes für Gott.

Gemeinsam
bis zum Gipfel

Die Aussicht vom Mount Chrysolite in Colorado raubt einem den letzten Rest Atem, den man noch hat, wenn man den Berg endlich erklommen hat. Die Gipfel im Osten, die die kontinentale Wasserscheide markieren, bedeckt ein weißes Tuch aus Schnee. Man möchte schwören, dass man im Norden schon Montana sieht. Und wie eine Perlenschnur reihen sich klare, unberührte, mit Forellen gefüllte Seen im Tal aneinander.

In den Sommermonaten machen sich jeden Donnerstag gut vierhundert Kinder an den Aufstieg zum Gipfel des Viertausenders. Sie sind aus dem ganzen Land angereist, um eine Woche auf der *Frontier Ranch* zu verbringen, einem Abenteuercamp von Young Life. Manche wollen endlich einmal ohne Eltern Urlaub machen oder Zeit mit Freunden verbringen. Aber bevor die Woche um ist, haben alle von ihnen auch die Bekanntschaft von Jesus gemacht. Und sie können vom Gipfel des Mount Chrysolite aus sein Werk betrachten.

Das gesamte Camp soll gemeinsam die Bergspitze erklimmen. Aus diesem Grund bilden einige Betreuer von *Young Life* das Schlusslicht. Sie geben Anschub, machen Mut und passen auf, dass alle oben ankommen. Bei ihnen lief ich mit.

Ein junger Teilnehmer, dessen mathematische Fähigkeiten offensichtlich stärker ausgeprägt waren als die des Bergsteigens, zählte die Schritte bis zum Gipfel. Achttausend. Irgendwo um viertausend herum beschloss Mathew aus Minnesota, das Handtuch zu werfen." Er sei einfach zu müde, um weiterzugehen. Ich mochte ihn auf Anhieb. Das ging sicher den meisten so. Er war fröhlich. Sympathisch. Und in diesem Fall stur wie ein Esel. Matthew ließ fast alle anderen an sich vorbeilaufen. „Ich kehre um", verkündete er den letzten von uns. Ein Betreuer von Young Life machte ihm die Folgen klar. „Ich schicke niemanden allein wieder nach unten. Wenn du umkehrst, kehren wir alle um."

Mir wurde bewusst, dass der kleine Kreis von „wir" auch mich umfasste. Aber ich wollte nicht umkehren. Also hatte ich zwei Möglichkeiten: entweder die Aussicht vom Gipfel verpassen oder Matt helfen, diesen zu erreichen.

Ich redete ihm gut zu. Ich bettelte. Traf eine Abmachung mit ihm: dreißig Schritte laufen, sechzig Sekunden ausruhen. In diesem Tempo krochen wir eine Stunde lang Meter für Meter den Berg hinauf. Irgendwann waren wir noch dreihundert Meter von der Bergspitze entfernt. Aber im letzten Abschnitt ging es so steil hinauf wie eine Feuerwehrleiter.

Wir gaben alles. Zwei Betreuer nahmen jeweils einen Arm und ich übernahm das Hinterteil. Mit beiden Händen auf Matts Allerwertestem schob ich ihn hinauf. Es war eine wahre Schufterei, ihn über die Baumgrenze zu bekommen.

Und dann hörten wir den Applaus. Vierhundert Kinder gaben Matt aus Minnesota auf dem Gipfel des Mount Chrysolite Standing Ovations. Sie pfiffen, jubelten und schlugen ihm auf den Rücken.

Als ich mich erschöpft fallen ließ, überrollte mich der Gedanke: *Da hast du es, Max. So sieht mein Plan aus. Tut, was ihr könnt, damit alle oben ankommen.*

Verändert
durch
Mitgefühl

WIR WURDEN VON EINEM
GROSSEN GOTT GESCHAFFEN,
UM GROSSE DINGE ZU TUN.

Wer auch nur ein einziges Leben
rettet, rettet die ganze Welt

Menschen sind keine Probleme,
sondern Gelegenheiten

Er blickte tiefer

Die das Leben unerschrocken lieben

Mein Vater und Freund

Die Bruderschaft der Zweiten Meile

Er hat sich in mein Herz geschlichen

Wer auch nur ein einziges Leben rettet, rettet die ganze Welt

Zweiundzwanzig Menschen reisten eines Morgens im Herbst 2009 nach London, um Nicholas Winton zu danken. Man hätte sie für die Reisegruppe eines Seniorenheims halten können. Alle waren zwischen siebzig und achtzig Jahre alt ...

Aber das Ganze war keine Kaffeefahrt. Es war eine Dankesreise. Sie wollten dem Mann danken, der ihr Leben gerettet hatte: ein vom Alter gebeugter Hundertjähriger, der sie wie damals im Jahr 1939 auf dem Bahnsteig erwartete.

Nicholas Winton war damals neunundzwanzig und Börsenmakler. Hitlers Armeen hatten die Tschechoslowakei überfallen, rissen jüdische Familien auseinander und verschleppten die Eltern in Konzentrationslager. Um die Kinder kümmerte sich niemand.

Der Brite erfuhr von ihrer Not und beschloss, ihnen zu helfen. Er nutzte seinen Urlaub, um sich in Prag mit Eltern zu treffen. Diese waren tatsächlich bereit, die Zukunft ihrer Kinder in seine Hände zu legen. Er kehrte nach England zurück, ging tagsüber seiner normalen Arbeit an der Börse nach und setzte sich abends für die Kinder ein. Er überzeugte die britischen Behörden, sie einreisen zu lassen. Er fand Pflegefamilien für sie und sammelte Gelder. Für den 14. März 1939 plante er den ersten Transport und führte innerhalb der nächsten fünf Monate sieben weitere durch. Die letzte Zugladung mit Kindern erreichte England am 2. August dieses Jahres. Damit stieg die Zahl der geretteten Kinder auf insgesamt 669.

Der größte Transport sollte am 1. September stattfinden, aber Hitler fiel in Polen ein und verriegelte überall in Europa die Grenzen. Die 250 Kinder in diesem Zug wurden nie wieder gesehen.

Nach dem Krieg behielt Winton seine Rettungsbemühungen für sich. Noch nicht einmal seiner Frau erzählte er davon. 1988 fand sie dann auf dem Dachboden ein Notizbuch, in dem Fotos von den Kindern lagen und eine vollständige Namensliste verzeichnet war.

Sie drängte ihren Mann, die Geschichte zu erzählen. Seitdem er ihrer Bitte gefolgt ist, sind einige der Geretteten zurückgekehrt, um sich bei ihm zu bedanken. Zu ihrer Gruppe gehören ein Filmregisseur, ein kanadischer Journalist, ein Nachrichtenkorrespondent, ein ehemaliger Minister im britischen Kabinett, der Herausgeber einer Zeitschrift und einer der Begründer der israelischen Luftwaffe. Etwa 7.000 Kinder, Enkel und Urenkel verdanken ihre Existenz dem Mut des neunundzwanzigjährigen Börsenmaklers. Er trägt einen Ring, den ihm einige der geretteten Kinder überreicht haben. Darauf steht ein Zitat aus dem Talmud, dem jüdischen Gesetzbuch: „Wer auch nur ein einziges Leben rettet, rettet die ganze Welt."[12]

Menschen
sind keine Probleme,
sondern Gelegenheiten

Mein Freund Roosevelt gehört zu den leitenden Mitarbeitern unserer Gemeinde und ist einer der nettesten Typen in der Geschichte der Menschheit. Er wohnt neben einer alleinerziehenden Mutter, die von der Hauseigentümergemeinschaft wegen ihres ungepflegten Rasens vorgeladen wurde. Ein wahrer Dschungel von wuchernden Büschen und unbeschnittenen Bäumen verdeckte den Blick auf ihr Haus. Der Verein verwarnte sie und forderte sie auf, ihren Garten in Ordnung zu bringen. Er wäre der Schandfleck der Straße und stellte womöglich noch ein Gesundheitsrisiko dar.

Roosevelt stattete seiner Nachbarin Terry einen Besuch ab. Hinter jeder Haustür verbirgt sich eine Geschichte und in diesem Fall eine traurige. Terry hatte gerade eine schwierige Scheidung hinter sich, kämpfte sich durch eine Chemotherapie, machte Nachtschichten im Krankenhaus und viele Überstunden, um über die Runden zu kommen.

Sie kämpfte ums Überleben: allein, krank und erschöpft. Der Rasen? Das war die geringste ihrer Sorgen.

Also trommelte mein Freund einige Nachbarn zusammen. Die Familien verbrachten einen Samstagvormittag damit, Terrys Garten auf Vordermann zu bringen. Sie beschnitten Büsche und Äste und schafften ein Dutzend Säcke mit Laub vom Grundstück. Ein paar Tage später schrieb Terry dem Vorstand der Hauseigentümergemeinschaft folgenden Brief:

Sehr geehrte Damen und Herren,
es ist mir ein großes Anliegen, dass die Siedlung erfährt, welch tolle Nachbarn ich habe … Ihre Hilfe hat mich ermutigt, wieder daran zu glauben, dass es in diesem Viertel noch Menschen mit Mitgefühl gibt … Ich kann diese Nachbarn nur in den höchsten Tönen loben und nur unzureichend zum Ausdruck bringen, wie dankbar ich für ihre harte Arbeit, ihre positive Einstellung und ihre Fröhlichkeit bin. Vielen Dank!

Roosevelt hatte so gehandelt, wie auch Jesus gehandelt hätte. Christus sah Menschen nicht als Probleme, sondern als Gelegenheit für Mitgefühl.

Gestalte dein Leben so,
dass die Welt später
stolz darauf ist.

Er blickte tiefer

Stanley Shipp war für meinen jungen Glauben wie ein Vater. Er war dreißig Jahre älter als ich und gesegnet mit einer Hakennase, schmalen Lippen, einem Kranz von weißen Haaren und einem Herzen, das so groß war wie der Mittlere Westen. Auf seiner Visitenkarte, die er nicht nur denen gab, die ihn darum gebeten hatten, stand nichts weiter als: „Stanley Shipp – Wie kann ich Ihnen helfen?"

Das erste Jahr nach dem Studium verbrachte ich unter seinen Fittichen. Einmal fuhren wir zu einer kleinen Gemeinde im ländlichen Pennsylvania, wo eine Konferenz stattfand. Zufällig waren wir gerade die Einzigen im Gebäude, als ein Landstreicher an die Tür klopfte. Seine Alkoholfahne umhüllte ihn wie billiges Parfüm. Er trug sein „Ach-ich-Armer"-Ständchen vor: Für die Arbeit, die man ihm anbot, sei er überqualifiziert. Für Rente nicht bezugsberechtigt. Hatte die Fahrkarte für den Bus verloren. Und einen schlimmen Rücken. Seinen in Kansas lebenden Kindern war er egal. Wenn Schicksalsschläge Rock 'n' Roll wären, stand hier Elvis höchstpersönlich vor uns. Ich verschränkte die Arme, grinste selbstgefällig und warf Stanley einen von diesen

„Jetzt-schau-dir-nur-diesen-Typen-an"-Blicken zu. Stanley erwiderte meinen Blick jedoch nicht. Im Gegenteil. Er widmete jeden optischen Nerv dem Landstreicher.

Mein Mentor sah ihn unverwandt an. Ich weiß noch, dass ich mich fragte: *Wie lange ist es wohl her, dass jemand diesen Kerl so richtig angeguckt hat?*

Irgendwann war die Litanei zu Ende und Stanley führte den Mann in die Küche der Gemeinde. Dort lud er ihm einen Teller mit Essen voll und füllte eine Tüte mit Lebensmitteln.

Während wir zusahen, wie der Landstreicher wieder von dannen zog, blinzelte Stanley eine Träne weg und beantwortete meine nicht ausgesprochenen Gedanken. „Max, ich weiß, dass er wahrscheinlich lügt. Aber was ist, wenn auch nur ein Teil seiner Geschichte stimmt?"

Wir beide hatten den Mann gesehen. Ich hatte gleich durch ihn hindurchgeschaut. Stanley aber sah tief in ihn hinein. Es hat etwas unwahrscheinlich Wohltuendes, wenn jemand sich die Zeit nimmt, einen Menschen wirklich anzusehen.

Die das Leben
unerschrocken lieben

Ein Hoch auf den Helden des San-Francisco-Marathon, der die Ziellinie überquerte, obwohl er sie nicht sah. (Er war blind.)

Ein Hoch auf die Frau, deren Mann sie mit einem ganzen Haufen von Kindern und regelmäßig ins Haus flatternden Rechnungen sitzen ließ und die mir trotzdem jeden Sonntag sagt, sie würde Gott stärker spüren als je zuvor.

Ein Hoch auf den alleinerziehenden Vater von zwei Mädchen, der gelernt hat, Zöpfe zu flechten.

Ein Hoch auf die Großeltern, die aus dem Ruhestand zurückkehrten, um für die Kinder zu sorgen, für die ihre Kinder nicht sorgen konnten.

Ein Hoch auf die Pflegeeltern, die ein Kind lange genug aufnahmen, dass es ihr Herz gewinnen konnte – und es dann wieder aufgaben.

Ein Hoch auf die junge Frau, der alle rieten, ihr Kind abzutreiben, die aber beschloss, es zu behalten.

Ein Hoch auf den Arzt, der mehr als die Hälfte seiner Patienten kostenlos behandelt.

Ein Hoch auf den Missionar, der einst drogenabhängig war.

Ein Hoch auf den Manager, der jeden Dienstagmorgen um halb sechs eine Gebets- und Bibellesezeit anbietet.

Ein Hoch auf alle da draußen, die das Leben unerschrocken lieben.

Mein Vater und Freund

Ich kenne einen Vater, der aus Liebe zu seinem Sohn jede Nacht in einem Sessel verbringt und nie mehr als ein paar Stunden am Stück schläft. Der Teenager ist seit einem Autounfall querschnittsgelähmt. Damit sein Körper ausreichend durchblutet wird, massieren Therapeuten seine Gliedmaßen alle paar Stunden. Nachts übernimmt der Vater diese Aufgabe. Obwohl er ganztags arbeitet, stellt er sich jede Nacht alle zwei Stunden den Wecker, um diese Aufgabe zu erfüllen, dann geht er zur Arbeit.

Gott gebraucht Menschen,
um die Welt zu verändern.

Menschen!

Nicht Heilige oder Superhelden.

Die Bruderschaft der Zweiten Meile

Ich möchte Ihnen gerne von der „Bruderschaft der Zweiten Meile" erzählen.

Bei uns im Kindergottesdienst arbeitet eine solche „Zweitmeilerin". Sie bereitet Bastelarbeiten und kleine Geschenke für die Vierjährigen vor. Aber es genügt ihr nicht, die Sachen einfach nur fertigzustellen. Sie muss immer noch ein kleines Extra, einen Hauch von zweiter Meile hinzufügen. Als das Thema „Auf den Spuren von Jesus" dran war, backte sie Plätzchen in Fußform, und weil sie eben eine Zweitmeilerin ist, malte sie auf jedes Plätzchen auch noch einen bunten Zehennagel. Wer macht sich schon so viel Mühe?

Zweitmeiler! Sie putzen das Bad, dekorieren Plätzchen und verwandeln ihr Haus in einen Spielplatz. Zumindest taten Bob und Elsie das. Sie bauten einen überdachten Pool, kauften eine Tischtennisplatte und einen Kicker. Auf diese Weise schufen sie ein wahres Kinderparadies.

Das ist doch nichts Ungewöhnliches, sagt da jemand? Ich habe vergessen, ihr Alter zu erwähnen: Sie waren über siebzig. Und sie taten es aus Liebe zur vernachlässigten Jugend von Miami. Bob schwamm nicht im Pool. Elsie spielte kein Tischtennis. Aber die Kinder von kubanischen Immigranten schon. Und jede Woche konnte man sehen, wie Bob in seinem Cadillac durch Little Havana fuhr und die Teenager einsammelte, um die sich niemand kümmerte.

Die Bruderschaft der Zweiten Meile. Ich verrate Ihnen, woran man ihre Mitglieder erkennt. Sie tragen kein Abzeichen oder eine Uniform, sie tragen ein Lächeln auf den Lippen. Und sie haben ein Geheimnis entdeckt: Gerade die Extrameile schenkt Freude und Zufriedenheit.

„Wer sich an sein Leben klammert, der wird es verlieren. Wer aber sein Leben für mich einsetzt, der wird es für immer gewinnen" (Lukas 9,24; Hoffnung für alle) – diese Wahrheit haben sie für sich entdeckt.

Keiner von uns
kann allen Menschen helfen.
Aber jeder von uns
kann einem Menschen
helfen.

Er hat sich in
mein Herz geschlichen

Er war vermutlich nicht älter als sechs. Schmutziges Gesicht, barfuß, löchriges T-Shirt, verfilzte Haare. Ein Waisenkind wie hunderttausend andere, die auf den Straßen von Rio de Janeiro herumstreunten.

Ich ging gerade zu einem nahe gelegenen Straßencafé, um mir einen Kaffee zu holen, als er von hinten an mich herantrat. Weil ich in Gedanken irgendwo zwischen dem war, was ich gerade beendet hatte, und dem Unterricht, den ich gleich geben würde, spürte ich das leichte Tippen auf meiner Hand kaum. Ich blieb stehen und wandte mich um. Es war niemand zu sehen, also setzte ich meinen Weg fort. Nach wenigen Schritten war es aber wieder da: ein klares *Tipp, tipp, tipp*. Dieses Mal hielt ich inne und sah nach unten. Da stand er. Das Weiß in seinen Augen leuchtete wegen des schmuddeligen Gesichts und der kohlrabenschwarzen Haare umso heller.

„Pão, senhor?" („Brot, Sir?")

Wenn man in Brasilien lebt, bekommt man täglich neu die Gelegenheit, einem dieser Ausgestoßenen einen Schokoriegel oder ein Sandwich zu kaufen. Es ist das Mindeste, was man tun kann. Ich lud den Jungen also ein, mit mir zu kommen, und wir gingen in das Straßencafé. „Einen Kaffee für mich und etwas Leckeres für meinen kleinen Freund hier." Der Junge stürzte zur Gebäcktheke und suchte sich etwas aus. Normalerweise machen sich die Straßenkinder aus dem Staub, sobald sie das Essen haben. Aber dieser kleine Bursche überraschte mich.

Das Café hatte eine lange Theke: eine Seite für das Gebäck, die andere für Kaffee. Während der Junge noch mit der Auswahl beschäftigt war, ging ich ans andere Ende und widmete mich meinem Getränk. Gerade als ich meinen verlorenen Gedankengang wieder aufgenommen hatte, entdeckte ich den Kleinen erneut. Er stand auf Zehenspitzen im Eingang des Cafés, hatte das Gebäck in der Hand und betrachtete die Gäste.

Was tut er da?, dachte ich.

Da entdeckte er mich und eilte herbei. Als er da vor mir stand, reichte er mir bloß bis zu meiner Gürtelschnalle.

Der kleine brasilianische Waisenjunge sah hoch zu dem großen amerikanischen Missionar, schenkte mir ein Lächeln, das jedes Herz zum Schmelzen gebracht hätte, und sagte: „Obrigado." („Danke.") Dann kratzte er sich verlegen mit dem großen Zeh hinten am Fuß und fügte hinzu: „Muito obrigado." („Vielen Dank.")

Ganz plötzlich überrollte mich das dringende Bedürfnis, ihm das gesamte Café zu kaufen.

Lasst die Kinder zu mir kommen, und haltet sie nicht zurück, denn für Menschen wie sie ist Gottes neue Welt bestimmt.

Markus 10,14

Verändert
durch
Hoffnung

NIEMAND KANN ALLES TUN,
ABER JEDER KANN
ETWAS TUN.

Worte voller Hoffnung

Dad lernte seine Sprache

Eine Predigt voller Hoffnung

Er glaubte, was er hoffte

Das Geschenk der Hoffnung

„Einfach wundervoll!"

Eine Mission der Hoffnung

Du bist einmalig

Worte voller Hoffnung

Als Nathaniel Hawthorne nach Hause kam, war er regelrecht am Boden zerstört. Er hatte gerade seine Stelle am Zollamt verloren. Seine Frau reagierte jedoch nicht mit Besorgnis, sondern überraschte ihn mit den freudigen Worten: „Dann kannst du ja jetzt endlich dein Buch schreiben!"

Hawthorne selbst war nicht so optimistisch. „Und wovon sollen wir in dieser Zeit leben?"

Zu seinem Erstaunen öffnete seine Frau eine Schublade und deutete auf ein Bündel Geldscheine, die sie von ihrem Haushaltsgeld beiseitegelegt hatte. „Ich wusste schon immer, dass du ein Genie bist", erklärte sie ihm. „Ich war mir sicher, dass du irgendwann ein Meisterwerk schreiben würdest."

Sie glaubte an ihren Mann. Und weil sie das tat, begann er mit dem Schreiben. Und weil er mit dem Schreiben begann, steht heute nicht nur in jeder amerikanischen Bibliothek mindestens eine Ausgabe von „Der scharlachrote Buchstabe" von Nathaniel Hawthorne.[13]

Der Glaube ist der tragende Grund für das, was man hofft: Im Vertrauen zeigt sich jetzt schon, was man noch nicht sieht.

Hebräer 11,1

Dad lernte seine Sprache

Onkel Carl war dankbar, dass jemand mit ihm sprach. Als Kind hatte er Masern gehabt und dadurch sein Hörvermögen und die Fähigkeit zu sprechen verloren. Fast sein gesamtes Leben, das nun schon über sechzig Jahre währte, hatte er unter dem Mantel bleiernen Schweigens verbracht, denn es gab nur wenige Leute, die seine Sprache beherrschten.

Mein Vater war einer davon. Vielleicht wollte er als älterer Bruder ihn beschützen. Womöglich hatte er sich verantwortlich gefühlt, nachdem ihr Vater gestorben war. Aus welchem Grund auch immer – mein Vater erlernte die Zeichensprache. Dad war aber keineswegs ein Streber: Er hatte die Highschool nicht beendet, war nie aufs College gegangen und sah auch nie die Notwendigkeit, Spanisch oder Französisch zu lernen. Aber er nahm sich Zeit und erlernte die Sprache seines Bruders.

Jedes Mal, wenn mein Vater den Raum betrat, hellte sich das Gesicht von Onkel Carl auf. Die beiden suchten sich eine Ecke, gestikulierten wild mit den Händen und unterhielten sich vergnügt.

Obwohl ich nie hörte, wie Carl sich bedankte (er konnte es ja nicht), ließ sein breites Lächeln keinen Zweifel daran, dass er dankbar war. Mein Vater hatte für ihn seine Sprache gelernt.

Dein Wort ist meine Lieblingsspeise, es ist süßer als der beste Honig.

Psalm 119,103

Eine Predigt
voller Hoffnung

John Egglen hatte noch nie in seinem Leben eine Predigt gehalten. Nicht ein einziges Mal.

Das lag nicht einmal daran, dass er es nicht wollte. Es war bislang einfach noch nie nötig gewesen. Aber dann eines Morgens änderte sich dies. Über Nacht war seine Heimatstadt Colchester in England völlig eingeschneit. Als er an jenem Januarsonntag im Jahre 1850 aufwachte, spielte er mit dem Gedanken, einfach zu Hause zu bleiben. Wer ging denn schon bei einem solchen Wetter in die Kirche?

Doch er besann sich. Schließlich war er Diakon. Und wenn die Diakone zu Hause blieben, wer würde dann noch gehen? Also zog er Stiefel, Hut und Mantel an und ging die sechs Meilen bis zur methodistischen Kirche.

John Egglen war offensichtlich nicht das einzige Gemeindemitglied, das in Erwägung gezogen hatte, zu Hause zu bleiben. Ja, er war sogar einer der wenigen, die gekommen waren! Gerade einmal dreizehn Leute saßen in den Reihen. Zwölf Mitglieder und ein Gast. Sogar der Pastor war eingeschneit. Jemand schlug vor, nach Hause zu gehen, doch Egglen wollte nichts davon wissen. Sie hatten einen so weiten Weg zurückgelegt, um zur Kirche zu gehen, also würden sie auch einen Gottesdienst abhalten. Außerdem hatten sie ja einen Gast, einen dreizehn Jahre alten Jungen.

Aber wer sollte predigen? Egglen war der einzige Diakon, also fiel ihm die Aufgabe zu.

Und Egglen predigte. Seine Predigt dauerte nur zehn Minuten. Er schweifte ab, verlor den Faden und kam nicht richtig auf den Punkt, weil er viel zu viel auf einmal sagen wollte. Am Schluss befiel den Mann eine für ihn eher untypische Furchtlosigkeit. Er blickte auf, sah dem Jungen direkt in die Augen und beschwor ihn: „Junger Mann, schau auf Jesus. Schau auf ihn! Schau auf ihn!"

Ob durch diese Herausforderung irgendetwas verändert wurde? Lassen wir den Jungen zu Wort kommen, der inzwischen ein Mann ist. „Und ich schaute hin, und genau dort lichtete sich in diesem Augenblick die dunkle Wolke, die auf meinem Inneren lag, die Dunkelheit verzog sich, und in diesem Augenblick erblickte ich die Sonne."

Der Name des Jungen? Charles Haddon Spurgeon, der bekannteste Prediger Englands.[14]

Wusste Egglen, was er getan hatte? Nein.

Wissen Helden, wenn sie etwas Heldenhaftes tun? Selten.

Die Worte aber,
die ich euch gesagt habe,
sind aus Gottes Geist;
deshalb bringen sie euch
das Leben.

Johannes 6,63

Die Menschen werden erkennen, dass wir
Christen sind – nicht, weil wir diesen Namen
tragen, sondern weil wir das dazugehörige
Leben führen.

Er glaubte,
was er hoffte

In seinem Buch „Schlüssel zum Leben" erzählt
Frank Boreham die Geschichte des britischen Pastors Bernard Gilpin, der unter der Regentschaft
von Queen Mary wegen seines Glaubens zum Tode
verurteilt worden war. Während seiner Gefangenschaft richtete er all seine Hoffnung auf Römer 8,
Vers 28. Den ganzen Tag über zitierte er immer
wieder diesen einen Bibelvers: „Und wir wissen,
dass für die, die Gott lieben und nach seinem Willen zu ihm gehören, alles zum Guten führt."

Als er jedoch auf dem Weg zur Hinrichtung war,
stürzte er und brach sich das Bein, woraufhin er
ins Gefängnis zurückgebracht wurde. Als er vor
Schmerzen stöhnte, machte sich der Gefängniswär-
ter über sein Vertrauen in den Bibeltext lustig.

„Ach", erwiderte Gilpin, „und dennoch ist er wahr.
Alles führt zum Guten." Und tatsächlich: Er behielt
Recht. Noch während er sich auskurierte, starb
Queen Mary, und Bernard Gilpin wurde freige-
lassen. Gott sorgt für das Wohl seiner Kinder, und
ihm steht alles zur Verfügung, um es zu erreichen.

Haltet an dieser Hoffnung
fest, zu der wir uns bekennen,
und lasst euch durch nichts
davon abbringen. Ihr könnt
euch felsenfest auf sie verlassen,
weil Gott sein Wort hält.

Hebräer 10,23

Das Geschenk
der Hoffnung

Der aufstrebende junge Autor brauchte dringend eine Portion Hoffnung. Mehr als eine Person hatte ihm geraten, er solle es doch lieber sein lassen. „Es ist unmöglich, einen Verlag zu finden", sagte ein Mentor. „Wenn du nicht bereits einen gewissen Bekanntheitsgrad hast, dann wird sich kein Verleger für dich interessieren."

Ein anderer mahnte: „Schreiben ist einfach zu langwierig und du willst doch nicht allen Ernstes all deine Gedanken zu Papier bringen."

Anfangs hörte er auf ihren Rat. Er sah ein, dass das Schreiben vergebliche Liebesmüh' sei, und wandte sich anderen Projekten zu. Aber Stift und Schreibblock zogen den Buchstabennarr irgendwie magisch an. Er wollte lieber selbst schreiben, als Fremdes zu lesen. Also schrieb er. Wie viele Abende verbrachte er auf der Couch in einer Ecke der Wohnung und verschob Verben und Substantive zu immer neuen Konstellationen? Und wie viele Stunden leistete seine Frau ihm Gesellschaft? Er schmiedete Sätze.

Sie machte Kreuzstich. Schließlich war ein Manuskript fertig. Roh und voller Fehler, aber fertig. Sie gab ihm einen Schubs. „Schick es ab. Was kann schon passieren?"

Also steckte er es in die Post und schickte es an fünfzehn verschiedene Verlage. Während die beiden auf eine Antwort warteten, schrieb er weiter. Und während er schrieb, machte sie Kreuzstich. Keiner erwartete viel, aber beide hofften alles. Der Briefkasten füllte sich mit Antwortschreiben: „Es tut uns leid, aber wir nehmen keine unaufgefordert eingesandten Manuskripte an." – „Wir schicken Ihnen das Manuskript zu unserer Entlastung zurück und wünschen Ihnen alles Gute für die Zukunft." – „Leider haben wir keine Kapazitäten für Erstlingswerke."

Ich habe all diese Briefe bis heute aufgehoben. Irgendwo in meinen Unterlagen. Es würde sicher eine Weile dauern, sie zu finden. Doch Denalyns Kreuzticharbeiten muss ich nicht lange suchen. Wenn ich sie sehen möchte, brauche ich nur an die Wand zu schauen: *Von allen Künsten, die ein Weiser zu den seinen zählt, hat die Natur die Kunst des Schreibens als die Größte auserwählt.*

Sie schenkte ihn mir ungefähr zu der Zeit, als der fünfzehnte Antwortbrief eintraf. Ein Verleger hatte zugesagt, und auch dieser Brief hängt gerahmt an der Wand. Welche der beiden Schmuckstücke bedeutet mir mehr? Das Geschenk meiner Frau oder der Brief des Verlegers? Keine Frage: das Geschenk. Denalyn schenkte mir nämlich nicht nur einen Kreuzstich; sie schenkte mir Hoffnung.

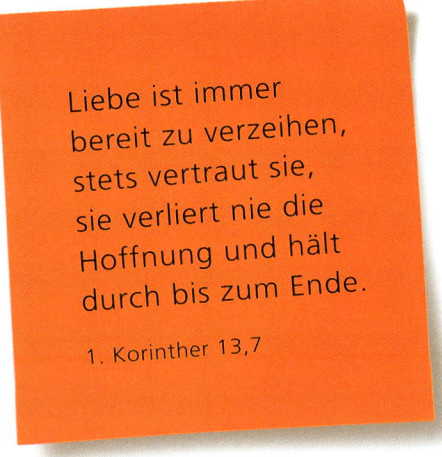

Liebe ist immer bereit zu verzeihen, stets vertraut sie, sie verliert nie die Hoffnung und hält durch bis zum Ende.

1. Korinther 13,7

„Einfach wundervoll!"

Tief vergraben in der Zedernholzkiste meiner Erinnerungen ist das Bild einer rüstigen und eher rundlichen Kindergottesdienstmitarbeiterin in einer kleinen Kirche in Westtexas. Sie trug eine schwarze Brille, deren Ränder wie bei einer Augenmaske spitz nach oben zuliefen. Ihr schwarzes Haar war von silbernen Strähnen durchzogen wie die Wände einer Mine von Adern. Sie roch nach dem Make-up, das auch meine Mutter benutzte, und strahlte wie ein Kind zu Weihnachten, wenn wir in den Kindergottesdienst kamen. Ihre dicken Fußgelenke verbarg sie in Schuhen mit flachen Absätzen, ganz im Gegenteil zu ihrer Leidenschaft für Kinder. Zur Begrüßung und zum Abschied gab es eine Umarmung. Sie kannte alle unsere Namen und machte den Kindergottesdienst so spannend, dass wir lieber den Eiswagen verpassten als die Sonntagsschule. Warum ich von ihr erzähle? Sie gab gern jedem von uns eine Blechdose mit Buntstiften und ein Ausmalbild von Jesus, das sie aus einem Malbuch herausgerissen hatte. Jeder hatte seine eigene Dose, wohlgemerkt, die vom Vorratsschrank in den Sonntagsschuldienst gewechselt war. Worin früher Pfirsiche oder Spinat gewesen waren, steckten jetzt jeweils ein Dutzend Stifte.

„Nehmt die Buntstifte", trug sie uns auf, „und malt Jesus aus." Und wir legten los.

Wir malten nicht uns selbst, wir malten den Sohn Gottes. Wir stibitzten auch keine Stifte aus den anderen Dosen; jeder hielt sich an das, was er bekommen hatte. Das war der Clou dabei: „Macht das Beste aus dem, was ihr bekommen habt." Du hast kein Blau für den Himmel? Dann mal ihn lila. Wenn Jesus blond ist und nicht dunkelhaarig, dann macht das der Lehrerin nichts aus. Sie hat ja die Dose befüllt.

Bei ihr lernten wir, Jesus in unseren eigenen Farben zu malen ...

Ihrem Lob nach zu urteilen, gab es nur Rembrandts und van Goghs in unserer Gruppe. Eines nach dem anderen hielt sie die ausgemalten Jesusbilder hoch. „Wundervoll gemacht, Max. Einfach wundervoll!"

Ein demütiger Mensch
gibt die Ehre
an andere weiter.

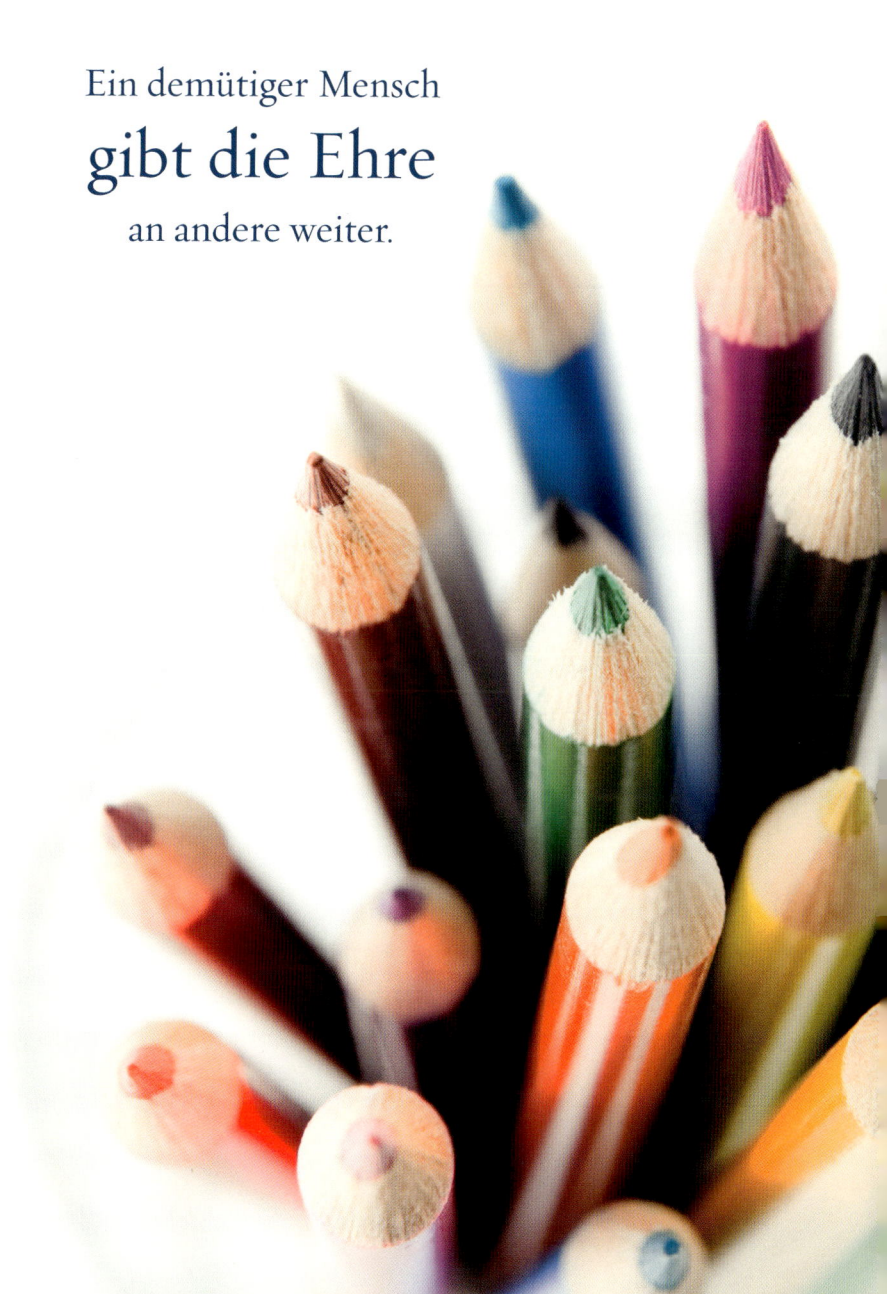

Eine Mission
der Hoffnung

Ob Gott ganz normale Menschen gebraucht, um
etwas in dieser Welt zu bewegen?

Edith Hayes würde dieser Aussage sofort zustimmen.

Edith war eine rüstige alte Dame von achtzig Jahren mit ausgedünntem weißem Haar, einer energi-
schen Statur von einem Meter zweiundfünfzig und
einem nie versiegenden Mitgefühl für die Krebskranken in Südflorida. Ich hatte 1979 gerade frisch
das Pastorenseminar abgeschlossen und saß um-
ringt von Stapeln ausgepackter Bücher in einem
Büro, als sie hereinspazierte und sich vorstellte: „Ich
heiße Edith und ich helfe Krebskranken." Sie reichte mir die Hand. Ich bot ihr einen Stuhl an, aber
sie lehnte höflich ab. „Ich habe zu viel zu tun. Sie
werden mein Team jeden Dienstagvormittag hier
in der Kirche sehen. Sie können gern dazustoßen,
aber seien Sie gewarnt: Wenn Sie kommen, dann
kriegen Sie auch eine Aufgabe."

Zu ihrem Team gehörten etwa einhundert silberhaarige Frauen, die sich der wenig glamourösen Aufgabe widmeten, offene Wunden zu versorgen. Krebswundheilung war ihre Mission, für die sie jeden Dienstag tonnenweise Einwegkompressen zusammennähten, welche sie dann im Laufe der Woche an Patienten verteilten.

Edith wohnte in einer kleinen Wohnung, lebte von ihrer Witwenrente, trug eine Brille, die ihre Augen riesig wirken ließ, und scheute Applaus wie der Teufel das Weihwasser. Sie hätte gut zu ganz gewöhnlichen Menschen wie Petrus und den anderen Jüngern gepasst.

Du bist einmalig

Ich möchte Ihnen von einem chinesischen Kinderheim für Taubstumme erzählen. Chinas Ein-Kind-Politik hat dazu geführt, dass die Schwachen „aussortiert" werden. Männliche Nachkommen werden weiblichen vorgezogen und gesunde Kinder behinderten. In China haben Kinder, die nicht hören oder sprechen können, kaum eine Chance auf ein gesundes, fruchtbares Leben. Von allen Seiten hören sie: „Du bist nichts wert."

Doch wenn jemand ihnen überzeugend das Gegenteil vermittelt, dann tauen sie auf. Der China-Missionar John Bentley beschreibt einen solchen Augenblick. In der Provinz Henan hatte man tauben Waisenkindern eine ins Mandarin übersetzte Ausgabe meines Buches „Du bist einmalig" gegeben. In diesem Buch geht es um Punchinello, eine Holzpuppe in einem Holzpuppendorf. In dem Dorf gab es den Brauch, den Schönen und Begabten Sternchen anzustecken und den nicht so Erfolgreichen graue Punkte. Punchinello hatte schon so viele Punkte, dass ihm die anderen auch ganz ohne Grund immer mehr Punkte ansteckten.

Aber dann traf er Eli, seinen Schöpfer. Eli machte ihm Mut und riet ihm, sich nicht um die Meinung der anderen zu kümmern. „Ich habe dich gemacht", erklärte er ihm. „Und ich mache keine Fehler."

So etwas hatte Punchinello noch nie gehört. Als er tat, was Eli ihm sagte, fielen die Punkte nach und nach von ihm ab. Als die Kinder in dem chinesischen Kinderheim das hörten, veränderte es ihre Welt. John beschrieb, was dann geschah:

Als die Bücher an die Kinder und Betreuer verteilt worden waren, passierte etwas völlig Außergewöhnliches: Auf einmal brachen alle in Tränen aus. Ich wusste gar nicht, was los war. ... Wir Amerikaner sind an Bestätigung gewöhnt ... aber Chinesen nicht, und ganz besonders diese Kinder nicht, die von ihren Eltern verlassen und für wertlos erachtet wurden, weil sie mit „Defekten" zur Welt gekommen waren. Als sie dann beim Lesen zu verstehen begannen, dass auch sie einmalig waren, weil ein liebender Schöpfer sie gemacht hatte, fingen alle an zu weinen — selbst die Betreuer! Alle waren sehr, sehr bewegt.[15]

Du hast mich geschaffen –
meinen Körper und meine Seele,
im Leib meiner Mutter hast du
mich gebildet. Herr, ich danke
dir dafür, dass du mich so
wunderbar und einzigartig
gemacht hast!

Psalm 139,13–14

Mancher liebt dich,
weil du du bist.
Gott liebt dich,
weil er er ist.

Verändert durch Mut

BIST DU GOTTES MITARBEITER?

Schönheit im Vernichtungslager

Mut und Charakter

Ein wahrer Held

Ein wunderbarer Mensch

Danke für Ihren Mut

Schönheit im Vernichtungslager

Es ist schwer, dem Tod etwas Schönes abzugewinnen. Noch schwerer wird das bei einem Vernichtungslager. Allen voran Auschwitz. Vier Millionen Juden wurden dort während des Zweiten Weltkriegs ermordet. Eine halbe Tonne Menschenhaar wird noch immer dort aufbewahrt. Die „Duschen", aus denen das tödliche Gas strömte, stehen ebenfalls noch.

Doch neben all den schrecklichen Erinnerungen an Auschwitz gibt es auch eine, die voller Schönheit ist. Es ist die Erinnerung, die Franciszek Gajowniczek an Maximilian Kolbe hat.

Kolbe traf im Februar 1941 in Auschwitz ein. Er war Franziskanerpriester. In der unerbittlichen Grausamkeit des Schlachthauses Auschwitz bewahrte er die Sanftmut Christi. Er teilte sein Essen mit anderen. Er trat seinen Schlafplatz ab. Er betete für die Aufseher. Man könnte ihn auch den „Heiligen von Auschwitz" nennen.

Im Juli desselben Jahres entfloh ein Gefangener aus dem Lager. In Auschwitz war es üblich, für jeden Entflohenen zehn andere Häftlinge zu töten. Dazu wurden alle Insassen im Hof versammelt und der Lagerkommandant wählte willkürlich zehn Männer aus den Reihen aus. Diese wurden unverzüglich in eine Zelle gebracht, wo sie keine Nahrung und kein Wasser bekamen, bis sie starben.

An diesem Tag begann der Kommandant, die Namen vorzulesen. Jedes Mal trat ein Gefangener heraus, bis die schreckliche Quote erfüllt war. Der zehnte Name, den er nannte, war der von Gajowniczek.

Als der SS-Offizier noch einmal die Gruppe der Verurteilten durchzählte, begann einer der Männer zu schluchzen. „Meine Frau und meine Kinder …", weinte er.

Die Soldaten drehten sich um, als plötzlich Bewegung in die Gefangenen kam. Die Wachen hoben ihre Gewehre. Die Hunde spitzten die Ohren. Einer der Gefangenen hatte seine Reihe verlassen und bahnte sich den Weg nach vorn.

Es war Maximilian Kolbe. Sein Gesicht zeigte keine Furcht. Sein Schritt war entschlossen. Der Offizier schrie ihn an, er solle stehen bleiben, oder er würde erschossen. „Ich möchte mit dem Lagerkommandanten sprechen", sagte Kolbe ruhig. Aus irgendeinem Grund prügelte der Soldat nicht auf ihn ein oder schoss ihn nieder. Kolbe blieb einige Schritte vor dem Kommandanten stehen, nahm seine Mütze ab und sah dem deutschen Offizier in die Augen.

„Herr Kommandant, bitte erlauben Sie mir, eine Bitte vorzutragen."

Dass niemand ihn erschoss, war ein Wunder.

„Ich möchte anstelle dieses Gefangenen sterben", sagte Kolbe und wies auf den schluchzenden Gajowniczek. Ohne Stocken brachte er seine kühne Bitte vor.

„Ich habe weder Frau noch Kinder. Außerdem bin ich alt und zu nichts mehr nütze. Er ist in besserer Verfassung." Kolbe kannte die Denkweise der Nazis.

„Wer bist du?", fragte der Kommandant.

„Ich bin ein katholischer Priester."

Der Häftlingsblock war wie vom Schlag getroffen. Selbst dem Kommandanten verschlug es ausnahmsweise einmal die Sprache. Einen Augenblick später bellte er: „Bitte gewährt!"

Die Gefangenen hatten absolutes Redeverbot. Gajowniczek erzählte später: „Ich konnte ihm nur mit den Augen danken. Ich war vollkommen fassungslos und konnte kaum begreifen, was hier geschah. Es war ungeheuerlich: Ich, der Verurteilte, sollte leben, und ein anderer gab freiwillig und bereitwillig sein Leben für mich – und dazu noch ein Fremder. Ich wusste nicht, ob ich träumte."

Der „Heilige von Auschwitz" überlebte die neun anderen Verurteilten. Er starb weder an Durst noch an Hunger. Kolbe starb erst, nachdem ihm „Phenol" injiziert worden war. Es war der 14. August 1941.

Gajowniczek hingegen überlebte den Holocaust. Es gelang ihm, in seine Heimatstadt zurückzukehren. Aber jedes Jahr bis zu seinem Tod im Jahre 1995 kehrte er nach Auschwitz zurück. An jedem 14. August kam er zurück, um dem Mann zu danken, der an seiner statt gestorben war.

Im Garten hinter seinem Haus hängt eine Gedenktafel. Er hat sie mit eigenen Händen graviert. Sie ist Maximilian Kolbe gewidmet – dem Mann, der starb, damit er leben konnte.[16]

Schon damals, als wir noch hilflos der Sünde ausgeliefert waren, ist Christus zur rechten Zeit für uns gottlose Menschen gestorben. Kaum jemand von uns würde für einen anderen Menschen sterben, selbst wenn er schuldlos wäre. Es mag ja vorkommen, dass einer sein Leben für einen ganz besonders gütigen Menschen opfert. Gott aber hat uns seine große Liebe gerade dadurch bewiesen, dass Christus für uns starb, als wir noch Sünder waren.

Römer 5,6–8

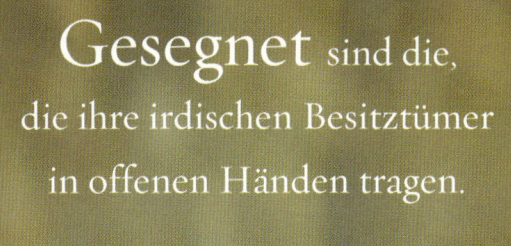

Gesegnet sind die,
die ihre irdischen Besitztümer
in offenen Händen tragen.

Mut und Charakter

Wenn ich das Wort „Mut" höre, muss ich an einen recht unbekannten, aber mutigen jungen Mann namens Paul Keating denken. An einem kalten Februarabend 1980 war der siebenundzwanzigjährige Keating gerade auf dem Nachhauseweg in Manhattans Greenwich Village, als er sah, wie ein Student von zwei Straßenräubern überfallen wurde. Keating, ein sanftmütiger Mann, der als Fotograf für das *Time Magazin* arbeitete, hatte allen Grund, sich nicht einzumischen: Er kannte den Studenten nicht. Die Verbrecher waren in der Überzahl. Er hatte nichts zu gewinnen, aber viel zu verlieren. Und trotzdem ging er dazwischen. Das Opfer konnte sich losreißen und floh in das nächste Restaurant, um Hilfe zu holen. Nur Augenblicke später zerrissen zwei Schüsse die nächtliche Stille und die Räuber machten sich davon. Paul Keating wurde tot auf dem Bürgersteig gefunden.

Die Stadt New York verlieh ihm posthum eine Ehrenmedaille für mutiges Handeln. Ich denke, jeder wird dem zustimmen, was Bürgermeister Edward Koch bei der Verleihungszeremonie sagte: „Niemand hat Paul Keating an jenem Abend auf der

Straße beobachtet. Niemand hat ihn gezwungen, in dieser Notlage einzugreifen. Er tat es, weil er eben so war, wie er war."[17]

Dann kam einer der verachteten Samariter vorbei. Als er den Verletzten sah, hatte er Mitleid mit ihm. [...] Dann hob er ihn auf sein Reittier und brachte ihn in den nächsten Gasthof, wo er den Kranken besser pflegen und versorgen konnte.

Lukas 10,33–34

Ein wahrer Held

Der „Listige Eddie" hatte alles.

Von allen aalglatten Anwälten war er der Glatteste. Er war einer von den Wilden aus den Wilden Zwanzigern und betrieb als Kumpan von Al Capone die Hunderennbahn des Gangsters. Um die Rennen zu manipulieren, wandte er einen einfachen Trick an: Er überfütterte sieben Hunde und setzte auf den achten.

Geld. Ansehen. Stil. Eddie hatte alles.

Warum stellte er sich dann der Polizei? Wieso bot er an, Al Capone zu verpfeifen? Was war sein Motiv? Wusste Eddie nicht, welche todsicheren Konsequenzen den erwarteten, der „sang"?

Er wusste es. Aber Eddie hatte eine Entscheidung getroffen.

Was versprach er sich davon? Was konnte man ihm bieten, das ihm noch fehlte? Geld, Macht und Ansehen besaß er bereits. Womit konnte man ihn packen?

Mit seinem Sohn. Eddie hatte sein Leben unter Kriminellen verbracht. Das Verbrechermilieu kannte er zur Genüge. Doch für seinen Sohn wollte er mehr: Sein Sohn sollte einen guten Namen haben. Und damit das möglich war, musste Eddie seinen Namen reinwaschen. Er war bereit, das Risiko auf sich zu nehmen, damit sein Sohn eine reine Weste haben konnte. Doch der Listige Eddie sollte nicht miterleben, wie sein Traum in Erfüllung ging. Nachdem er „gesungen" hatte, schlug die Gang zurück. Zwei Schüsse aus der Schrotflinte ließen ihn für immer verstummen.

War es das wert?

Für den Sohn auf jeden Fall. Eddies Sohn wurde dem Opfer seines Vaters gerecht. Sein Name gehört heute zu den bekanntesten weltweit. Hätte Eddie miterlebt, wie sein Sohn Butch erwachsen wurde, er wäre sicher stolz gewesen. Stolz auf Butchs Aufnahme an der Marineakademie in Annapolis. Stolz auf seinen Dienst als Pilot in der United States Navy im Zweiten Weltkrieg. Stolz hätte er davon gelesen, wie sein Sohn nachts über dem Pazifik fünf Bomber abschoss und dadurch Hunderte von Kameraden auf dem Flugzeugträger „Lexington" rettete, denen der Angriff der Japaner galt.

Der Name O'Hare war reingewaschen. Die Ehrenmedaille des Kongresses war der Beweis dafür.

Wenn die Menschen in Chicago heute den Namen
„O'Hare" sagen, dann reden sie nicht von Gangs-
tern – sie reden von einem Helden der Luftfahrt,
von dem Namensgeber des großen Flughafens ihrer Stadt.

Alle sind Sünder und
haben nichts aufzuweisen,
was Gott gefallen könnte.
Aber was sich keiner
verdienen kann, schenkt
Gott in seiner Güte: Er nimmt
uns an, weil Jesus Christus
uns erlöst hat.

Römer 3,23–24

Was ist Gnade?
Ein Geschenk, das uns jemand gibt,
weil er gütig ist –
nicht, weil wir perfekt sind.

Ein wunderbarer Mensch

Dan Mazur hielt sich für einen Glückspilz. Die meisten Menschen hätten ihn wohl eher für verrückt gehalten. Er war noch einen zweistündigen Aufstieg von der Bergspitze des Mount Everest entfernt. Dreihundert Höhenmeter lagen zwischen ihm und der Erfüllung seines Lebenstraums. Jedes Jahr machen sich die fähigsten Abenteurer auf den beschwerlichen Weg zum Gipfel dieses höchsten aller Achttausender. Und jedes Jahr lassen manche von ihnen bei dem Versuch, ihn zu besteigen, ihr Leben. Der Gipfel des Mount Everest ist nicht gerade für seine Gastlichkeit bekannt: Den Bereich ab siebentausend Metern bezeichnen die Bergsteiger auch als „Todeszone". Hier herrschen Temperaturen von unter minus zwanzig Grad. Plötzlich auftretende Schneestürme nehmen den Bergsteigern die Sicht. Die Luft ist extrem sauerstoffarm. Auf dem Weg zum Gipfel kommt man daher auch immer wieder an Leichen vorüber. Ein britischer Bergsteiger war erst zehn Tage vor Mazurs Aufstiegsversuch ums Leben gekommen. Vierzig Bergsteiger hätten dem Briten helfen können und entschieden sich doch dagegen. Sie ließen ihn auf ihrem Weg zum Gipfel einfach liegen. Der Mount Everest kann eben grausam sein. Und trotzdem hielt sich Mazur für einen Glückspilz. Für ihn und seine beiden Begleiter war der Gipfel in greifbarer Nähe. Jahre der Planung. Sechs Wochen Training. Und nun, am 26. Mai 2006 um 7:30 Uhr morgens war es windstill, die Sonne schien hell, und die Gruppe war voller Vorfreude und gut in Form.

Da blieb Mazurs Blick an einem farbigen Fleck hängen: ein gelbes Stück Stoff am Bergrücken. Zuerst hielt er es für ein Zelt. Bald erkannte er aber, dass es eine Person war: ein Mann, der auf scharfkantigen Felsen gefährlich nah an einem zweitausendfünfhundert Meter tiefen Abgrund saß. Er hatte keine Handschuhe an, die Jacke war offen, die Hände bloß, der Oberkörper frei. Bei Sauerstoffmangel kann das Gehirn anschwellen und Halluzinationen verursachen. Mazur wusste, dass der Mann keine Ahnung mehr hatte, wo er sich befand. Also ging er auf ihn zu und rief: „Können Sie mir Ihren Namen sagen?"

„Ja", gab der Mann mit vergnügter Stimme zurück, „das kann ich. Ich heiße Lincoln Hall."

Mazur war schockiert. Er kannte den Namen. Zwölf Stunden zuvor hatte er über Funk die Nachricht gehört: „Lincoln Hall ist ums Leben gekommen. Sein Team hat den Leichnam am Berg zurückgelassen."

Und trotzdem: Nach einer Nacht mit Temperaturen von minus dreißig Grad und sauerstoffarmer Luft war Lincoln Hall noch am Leben. Mazur stand vor einem Wunder.

Gleichzeitig stand er auch vor einer harten Entscheidung. Ein Rettungsversuch barg schwerwiegende Risiken. Der Abstieg allein war schon tückisch genug, umso mehr, wenn er die Last eines Sterbenden trug. Und wie lange würde Hall noch überleben? Das wusste niemand. Die drei Bergsteiger opferten ihren Traum vom Mount Everest womöglich völlig umsonst. Sie mussten sich entscheiden: Sollten sie ihren Traum aufgeben? Oder Lincoln Hall?

Sie entschieden sich gegen ihren Traum. Die drei wandten dem Gipfel den Rücken zu und machten sich an den langen, beschwerlichen Abstieg.

Lincoln Hall überlebte. Dank Dan Mazur kam es zu einem Wiedersehen mit seiner Frau und seinen Söhnen in Neuseeland.

Ein Fernsehreporter stellte Halls Frau die Frage, was sie von den Rettern ihres Mannes hielt, die den Gipfel aufgegeben hatten, um ihrem Mann zu helfen. Sie wollte antworten, aber ihr versagte die Stimme. Einige Augenblicke später entgegnete sie mit Tränen in den Augen: „Dan ist einfach ein wunderbarer Mensch. Genau wie seine Begleiter. Die Welt braucht noch mehr solcher Menschen."[18]

Menschen, die leiden,
gehen uns alle an.
Und wenn wir alle handeln,
dann gibt es
Hoffnung.

Danke für Ihren Mut

Ich schreibe diesen Brief, um mich zu bedanken. Ich wünschte, ich könnte Ihnen persönlich danken, aber ich weiß nicht, wo Sie wohnen. Sehr gern würde ich Sie anrufen, aber ich kenne Ihren Namen nicht. Wenn ich wüsste, wie Sie aussehen, würde ich mich auf die Suche machen, aber in meiner Erinnerung sehe ich Ihr Gesicht nur ganz verschwommen. Eines werde ich aber nie vergessen: was Sie getan haben.

Sie lehnten dort an Ihrem Pick-up, draußen in dem westtexanischen Ölfeld. Irgend so ein Ingenieur. Ein Vorgesetzter. Da Sie eine Bundfaltenhose und ein sauberes Hemd trugen, konnte man gleich sehen, dass Sie keiner von uns Bohrarbeitern waren. In der Hackordnung des Ölfelds standen wir ganz unten. Sie waren der Boss, wir die einfachen Arbeiter. Sie lasen die Blaupausen, wir gruben die Rinne. Sie inspizierten das Rohr, wir legten es. Sie aßen mit den anderen Chefs in der Bauhütte, wir aßen im Schatten.

Außer an diesem Tag. Ich weiß noch, dass ich mich darüber wunderte, warum Sie das taten.

Wir boten keinen schönen Anblick. Wer nicht verschwitzt war, war ölverschmiert. Die Gesichter rot von der Sonne, die Haut schwarz vom Schmierfett. Mich hat es nicht gestört. Ich war nur den Sommer über dort: ein Schüler, der mit dem Verlegen von Rohren gutes Geld verdiente. Für mich war es ein Ferienjob, für die anderen war es der Alltag. Die meisten waren illegale Einwanderer aus Mexiko, andere Heimatlose, die wie Steppenläufer quer über die Prärie trieben.

Wir klangen auch entsprechend. Unsere Sprache war rau wie Schleifpapier. Nach dem Mittagessen rauchten wir Zigaretten und machten Witze. Immer hatte einer ein Kartenspiel mit leicht bekleideten Mädchen auf der Rückseite dabei. Für eine halbe Stunde in der Mittagshitze verwandelte sich das Ölfeld in Las Vegas: erfüllt von derber Sprache, schmutzigen Geschichten, Blackjack und Barhockern, die zugleich unsere Lunchboxen waren.

Während eines solchen Spiels kamen Sie auf uns zu. Ich dachte, Sie hatten eine Aufgabe für uns, die keinen Aufschub duldete. Wie die anderen stöhnte ich auf, als ich Sie kommen sah.

Sie waren nervös.

Als Sie zu reden begannen, traten Sie von einem Bein aufs andere.

„Äh, Leute ...", sagten Sie.

Wir drehten uns um und sahen Sie an.

„Ich ... ich wollte euch nur, äh, einladen ..."

Es war Ihnen unglaublich unangenehm. Ich hatte keine Ahnung, was Sie als Nächstes sagen würden, aber ich merkte, es hatte nichts mit der Arbeit zu tun.

„Ich wollte euch nur Bescheid geben, dass, äh, unsere Gemeinde heute Abend einen Gottesdienst veranstaltet, und, ähm ..."

Wie bitte? Ich konnte es kaum fassen. Er missioniert? Hier draußen? Bei uns?

„Wer Interesse hat, den möchte ich gern einladen, zu kommen."

Peinliche Stille. Völliges Schweigen. Es war so still, als hätte eine Nonne eine Puffmutter gefragt, ob sie das Bordell für eine Messe nutzen könne. Als hätte ein Mitarbeiter des Finanzamts die Mafia zu einem Seminar über korrekte Buchführung eingeladen.

Einige Jungs sahen betreten zu Boden. Ein paar warfen sich verstohlene Blicke zu. Man hörte unterdrücktes Lachen.

„Also, das wäre alles. Falls jemand von euch mitkommen möchte … äh, sagt einfach Bescheid."

Nachdem Sie sich umgedreht hatten und wieder gegangen waren, brachen wir in lautes Gelächter aus. Wir nannten Sie „Herr Pastor", „unser Pfaffe" und „der Papst". Wir zogen uns gegenseitig auf und forderten uns heraus, wirklich hinzugehen. Sie waren an diesem Tag die Zielscheibe für all unseren Spott. Ich bin mir sicher, dass Ihnen dies bewusst war. Bestimmt liefen Sie zu Ihrem Pick-up zurück und waren sich darüber im Klaren, dass Sie nichts weiter erreicht hatten, als sich komplett zum Narren zu machen. Falls dem so war: Sie lagen falsch.

Aus diesem Grund schreibe ich diesen Brief.

Ich möchte Ihnen sagen, dass zumindest ein Samenkorn in eine fruchtbare Erdspalte fiel.

Ungefähr fünf Jahre später rang ein Student mit einer schweren Entscheidung. Er hatte sich von dem Glauben entfernt, den seine Eltern ihm mitgegeben hatten. Aber er wollte zurück. Zurück nach Hause. Doch der Preis war hoch: Er würde zum Gespött seiner Freunde werden. Seine Gewohnheiten mussten sich ändern. Er genoss einen gewissen Ruf, den er würde loswerden müssen.

Würde er den Schritt wagen? War er mutig genug? Da musste ich an Sie denken. Als ich spätabends in meinem Zimmer im Studentenwohnheim saß und in mir nach dem Mut suchte, das Richtige zu tun, dachte ich an Sie.

Ich dachte daran, dass Ihnen Gott wichtiger war als Ihr Ruf.

Ich dachte daran, dass Ihr Gehorsam größer war als Ihre Vernunft.

Mir fiel auf, dass es Ihnen mehr bedeutete, eine Einladung zu Gott zu hinterlassen als einen guten ersten Eindruck. Und als ich über Sie nachdachte, motivierte mich die Erinnerung dazu, die richtige Entscheidung zu fällen.

Und so kehrte ich zurück nach Hause.

Ich habe schon Dutzende Male von Ihnen erzählt, vor Tausenden von Leuten. Jedes Mal ist die Reaktion die gleiche: Im Publikum breitet sich allgemeines Lächeln aus und Köpfe nicken verständnisvoll. Manche lächeln, weil sie an den „Ingenieur mit dem sauberen Hemd" in ihrem eigenen Leben denken. Sie erinnern sich an den Kuchen vom Nachbarn, den Brief von der Tante, den Lehrer mit einem offenen Ohr ...

Andere lächeln, weil sie etwas Ähnliches getan haben wie Sie. Und auch sie fragen sich, ob ihre „Mittagsmission" das Ganze wert war.

Das haben Sie sich bestimmt auch gefragt. Was Sie an jenem Tag taten, war nicht viel. Ich vermute, Sie haben damals gedacht, dass alle Mühe umsonst war. Sie war es nicht.

Ich möchte mich bei Ihnen bedanken. Danke für Ihr Vorbild. Danke für Ihren Mut.

Die übrige Saat aber fiel
auf fruchtbaren Boden
und brachte das Dreißig-
fache, das Sechzigfache,
ja sogar das Hundertfache
der Aussaat als Ertrag.

Matthäus 13,8

Verändert
durch
Weisheit

GOTT KANN DIESER WELT
DURCH EIN GANZ GEWÖHNLICHES
LEBEN AUSSERGEWÖHNLICHEN
SEGEN BRINGEN.

Einmal von Jesus erzählen

„Wir haben deinen Teller zerbrochen"

Eine weise Antwort

Schlichte Weisheit

Mit weisen Eltern gesegnet

Ein weiser Vater

Huckepack

Einmal von Jesus erzählen

In der Sowjetunion genügte in den frühen 1950er Jahren ein kleiner Vorwand, um jemanden zu verhaften. Wer eine Entscheidung Stalins infrage stellte oder sich kritisch über das kommunistische Regime äußerte, fand sich in einem sowjetischen Arbeitslager in der eisigen Tundra wieder. So erging es auch Boris Kornfeld. Welches Verbrechen er begangen haben soll, ist nicht überliefert. Sein Leben ist nur bruchstückhaft bekannt: Er war Jude, Arzt von Beruf und hatte sich im Lager mit einem Christen angefreundet.

Da sie reichlich Zeit hatten, führten die beiden Männer lange, intensive Gespräche. Irgendwann begann Kornfeld zu erkennen, dass es Parallelen gab zwischen dem versprochenen Messias des alten Bundes und dem Nazarener des neuen Bundes. An Jesus zu glauben widersprach seiner Erziehung, aber am Ende entschied er sich doch dafür.

Diese Entscheidung sollte ihn das Leben kosten.

Er beobachtete, wie eine Wache einem Sterbenden Brot stahl. Vor seiner Entscheidung für Jesus
hätte Kornfeld das Vergehen nicht gemeldet. Nun
zwang ihn sein Gewissen, es zu tun. Damit war es
nur eine Frage der Zeit, bevor die Wachen es ihm
heimzahlen würden. Aber trotz der Gefahr spürte
Kornfeld inneren Frieden. Zum ersten Mal in seinem Leben hatte er weder Angst vor dem Tod noch
vor der Ewigkeit. Er hatte nur noch einen Wunsch:
vor seinem Tod jemandem von seiner Entdeckung
zu berichten.

Die Gelegenheit dazu bekam er durch einen
Krebspatienten und Mitgefangenen, der sich gerade von einer Bauchoperation erholte und von
Kornfeld betreut wurde. Als dieser mit ihm im Auf-
wachraum allein war, erzählte Kornfeld ihm hastig
flüsternd seine Geschichte. Nichts ließ er aus. Der
junge Mann war tief bewegt, aber von der Narkose
noch so schwach, dass er schließlich einschlief. Als
er wieder aufwachte, bat er darum, mit dem jungen
Arzt sprechen zu dürfen. Doch es war zu spät. In
der Nacht hatte jemand Kornfeld mit einem Vor-
schlaghammer getötet. Kollegen versuchten noch,
ihn zu retten, aber ohne Erfolg.

In der Stille des Krankenzimmers hatte der Arzt am Bett seines Patienten gesessen und ihm Frieden und Mitgefühl geschenkt. Dr. Kornfeld hatte ihm leidenschaftlich und voller Überzeugung von seiner Entscheidung fürs Christentum erzählt. Der Patient fieberte noch, war aber wach genug, um Kornfelds Worte aufzunehmen. Später schrieb er, dass er in der Stimme des Arztes ein „mystisches Wissen" vernommen habe.

Dieses „mystische Wissen" veränderte den jungen Patienten. Er nahm Kornfelds Glauben an Christus auch für sich an und verlieh seiner Freude später in einem Gedicht Ausdruck: „Gott des Universums! Ich kann wieder glauben!"[19]

Der Patient überlebte das Arbeitslager und begann, über seine Erfahrungen in der Gefangenschaft zu schreiben und das Grauen des Gulags zu enthüllen. Er verfasste eine Schrift nach der anderen: „Ein Tag im Leben des Iwan Denissowitsch", „Der Archipel Gulag", „Nicht nach der Lüge leben". Manche schreiben den Niedergang des Kommunismus nicht zuletzt auch seinen Büchern zu. Aber hätte Boris Kornfeld nicht für seinen Glauben gelitten, hätten wir diesen herausragenden jungen Christen niemals kennengelernt: Alexander Solschenizyn.

Die Menschen hatten böse Absichten verfolgt, aber Gott hatte es wieder einmal zum Guten gewendet.

Denn Gott hat uns keinen Geist der Furcht gegeben, sondern sein Geist erfüllt uns mit Kraft, Liebe und Besonnenheit.

2. Timotheus 1,7

„Wir haben deinen Teller zerbrochen"

Es war schon nach Mitternacht, als ich in einer spärlich beleuchteten Telefonzelle in Dalton, Georgia, stand und die Nummer meiner Eltern wählte. Mein erster Ferienjob weit von zu Hause entfernt gestaltete sich ganz anders als gedacht. Die Arbeit war hart. Meine beiden besten Freunde hatten gekündigt und waren nach Texas zurückgekehrt. Ich war bei der Heilsarmee untergekommen, bis ich irgendwo ein Zimmer fand.

Für einen großen, halbstarken Neunzehnjährigen fühlte ich mich ganz schön klein.

Die Stimmen meiner Mutter und meines Vaters hatten sich noch nie so gut angehört. Und obwohl ich versuchte, vor ihnen zu verbergen, wie einsam ich mich fühlte, war es für sie offensichtlich. Ich hatte meinen Eltern versprochen, den ganzen Sommer durchzuhalten, wenn ich ihre Erlaubnis bekommen würde. Aber nun kamen mir die drei Monate wie eine Ewigkeit vor.

Als ich ihnen am Telefon mein Leid klagte, konnte ich spüren, dass meine Mutter mich nach Hause holen wollte. Aber gerade als sie ansetzte: „Warum kommst du nicht einfach ...", wurde sie von meinem Vater unterbrochen, der am zweiten Anschluss mithörte. „Wir wären wirklich froh, wenn du hier wärst, aber wir haben deinen Teller schon zerbrochen." (Das war westtexanisch für: „Wir lieben dich, Max, aber es wird Zeit, dass du erwachsen wirst.")

Man muss als Vater schon sehr weise sein, um zu wissen, wann man seinen Sohn aus dem Nest wirft. Es ist schmerzhaft, aber es muss sein. Ich werde meinem Vater immer dafür dankbar sein, dass er mir Flügel gab und mir dann keine andere Wahl ließ, als sie auch zu gebrauchen.

Du möchtest Gottes

Großzügigkeit erfahren?

Dann teile selbst

großzügig mit anderen.

Eine weise Antwort

Folgen Sie mir bitte nach Paris. Wir schreiben das Jahr 1954. Elie Wiesel arbeitet als Korrespondent bei einer jüdischen Zeitung. Zehn Jahre zuvor war er noch Häftling in einem Konzentrationslager gewesen. Zehn Jahre später sollte er als Autor von „Die Nacht" bekannt werden, einem Bericht über den Holocaust, für den er den Pulitzerpreis erhalten wird. Außerdem wird man ihm die Goldene Ehrenmedaille des Kongresses und auch den Friedensnobelpreis verleihen.

Aber an diesem Abend ist Elie Wiesel noch ein unbekannter sechsundzwanzigjähriger Zeitungskorrespondent. Er soll den französischen Schriftsteller François Mauriac interviewen, der Christ ist. Mauriac ist damals der letzte Franzose, der den Literaturnobelpreis erhalten hat, und ein Experte auf dem Gebiet der französischen Politik.

Wiesel kommt zu Mauriacs Wohnung; er ist nervös und raucht eine Zigarette nach der anderen. Seine Nerven liegen durch das Grauen, das er in Deutschland erlebt hat, immer noch blank; das Vertrauen in seine schriftstellerischen Fähigkeiten ist noch unausgereift.

Der ältere Mauriac versucht, ihn zu beruhigen. Er bittet Wiesel herein und die beiden nehmen in einem kleinen Zimmer Platz. Doch noch bevor Wiesel die erste Frage stellen kann, beginnt Mauriac, der überzeugte Katholik, über sein Lieblingsthema zu reden: Jesus Christus. Wiesel wird unbehaglich zumute. Der Name „Jesus" ist wie Salz in seiner entzündeten Wunde.

Wiesel versucht, das Gespräch in andere Bahnen zu lenken. Vergebens. Es scheint, als würde die ganze Schöpfung nur auf Jesus hindeuten. Jerusalem? Die Stadt, in der Jesus gewirkt hat. Das Alte Testament? Wegen Jesus wird das Alte Testament nun durch das Neue bereichert. Mauriac wendet jedes Thema so, dass irgendwann der Messias dessen Mittelpunkt ist. In Wiesel beginnt es zu brodeln. Der christliche Antisemitismus, mit dem er aufgewachsen ist, die vielen Schichten des Schmerzes aus Sighet, Auschwitz und Buchenwald – all das kocht in ihm über. Er legt den Stift beiseite, schlägt das Notizbuch zu und steht wütend auf.

„Mein Herr", sagt er zu dem sitzenden Mauriac, „Sie sprechen von Christus. Christen reden ja so gern über ihren Christus. Die Leiden Christi, der Schmerz Christi, der Tod Christi. Das ist alles, worüber sie reden. Wissen Sie, vor zehn Jahren kannte ich nicht weit von hier entfernt jüdische Kinder, von denen jedes Einzelne das Tausendfache, ja, das Sechsmillionenfache von dem durchleiden musste, was Christus am Kreuz erlitten hat. Und von denen redet niemand. Verstehen Sie das? Niemand redet von ihnen!"[20]

Mauriac ist wie vom Donner gerührt. Wiesel dreht sich um und marschiert aus der Tür. Der Franzose sitzt weiterhin erschüttert da, die Wolldecke noch um sich geschlungen. Der junge Reporter drückt gerade den Fahrstuhlknopf, als Mauriac schließlich doch im Hausflur erscheint. Sanft nimmt er Wiesel am Arm. „Kommen Sie zurück", bittet er. Wiesel willigt ein und die beiden setzen sich aufs Sofa. Da bricht Mauriac in Tränen aus. Er sieht Wiesel an, sagt aber kein Wort. Nur Tränen.

Wiesel setzt zu einer Entschuldigung an, doch Mauriac will nichts davon hören. Stattdessen bittet er den jungen Mann zu erzählen. Er will alles hören – die Lager, die Züge, das Sterben. Mauriac fragt Wiesel, warum er dies nicht zu Papier gebracht habe. Der Jude entgegnet, der Schmerz sei einfach zu groß. Er habe sich Stillschweigen geschworen. Mauriac fordert ihn auf, den Schwur zu brechen und seine Stimme zu erheben.

Dieser Abend verändert beide Männer. Die Konfrontation schafft den fruchtbaren Boden für eine lebenslange Freundschaft.

Bis zum Tod Mauriacs im Jahre 1970 blieben sie in Briefkontakt. „Ich verdanke François Mauriac meine Karriere", hat Elie Wiesel einmal gesagt. Mauriac war es auch, dem Wiesel das erste Manuskript von „Die Nacht" schickte.

Was wäre geschehen, wenn Mauriac ihm nicht gefolgt wäre? Niemand hätte es ihm verübelt. Durch die harten Worte Wiesels verletzt, hätte er die Geduld mit dem wütenden jungen Mann verlieren und froh sein können, ihn los zu sein. Aber er war es nicht. Er reagierte schnell, entschlossen und liebevoll.

Bei Gott zählt
jeder Tag,
jeder Mensch.

Schlichte Weisheit

Oliver Cromwells Sekretär war in wichtigen Angelegenheiten auf dem Festland unterwegs. Als er in dieser Zeit einmal in einer Hafenstadt übernachtete, wälzte er sich auf dem Bett hin und her und konnte nicht schlafen.

Wie es damals üblich war, nächtigte ein Diener in seinem Zimmer, der einen gesegneten Schlaf zu haben schien. Nach einiger Zeit weckte der Sekretär den Diener und beklagte sich über seine Schlaflosigkeit.

„Ich mache mir solche Sorgen darüber, dass wir mit unseren Vorhaben scheitern könnten."

„Mein Herr", sagte der Diener, „darf ich Euch eine Frage stellen oder zwei?"

„Aber gewiss."

„Herrschte Gott über die Welt, bevor wir geboren wurden?"

„Mit Sicherheit."

„Und wird er über sie herrschen, nachdem wir gestorben sind?"

„Natürlich wird er das."

„Mein Herr, warum überlassen wir ihm dann nicht
auch die Gegenwart?"

Durch diese Worte wurde das Gottvertrauen des
Sekretärs neu geweckt. Er kam innerlich zur Ruhe
und wenige Minuten später fielen er und sein Diener in einen tiefen Schlaf.[21]

Mit weisen Eltern gesegnet

Nicht alle Eltern versuchen, die Begabungen ihrer Kinder zu verstehen. Wer aber solche Eltern hat, kann sich glücklich schätzen.

Ich habe das Glück, eines von diesen Kindern zu sein. Mein Vater hatte – sprichwörtlich – Motoröl im Blut, denn er verdiente seinen Lebensunterhalt mit der Reparatur von Bohrmaschinen auf den Ölfeldern. Aber auch in seiner Freizeit ließen ihn die Motoren nicht los, denn da bastelte er an Automotoren herum. Was für den Töpfer der Ton ist, waren für meinen Vater Schmierfett und Schrauben. Sie waren sein bevorzugtes Arbeitsmittel. Dad liebte Maschinen.

Aber Gott gab ihm einen mechanischen Analphabeten zum Sohn, einen, der nicht einmal den Unterschied zwischen einer Differenzialscheibe und einer Bremsscheibe kannte. Natürlich versuchte mein Vater, mir etwas beizubringen. Und ich versuchte, es zu begreifen. Wirklich. Aber ich nickte mehr als einmal unter dem Auto ein, unter dem wir gerade lagen.

Ich fand Maschinen unglaublich einschläfernd. Bücher hingegen faszinierten mich. Tausend Mal fuhr ich mit dem Fahrrad zur Bibliothek.

Doch was fängt ein Mechaniker mit einem Sohn an, der Büchernarr ist?

Er besorgt ihm einen Bibliotheksausweis. Schenkt ihm ein paar Bücher zu Weihnachten. Stellt ihm eine Lampe ans Bett, damit der Junge nachts lesen kann. Bezahlt Studiengebühren, damit sein Sohn schon während seiner Schulzeit Literaturkurse am College belegen kann. Das alles hat mein Vater getan. Und wissen Sie, was er nie gemacht hat? Nicht ein einziges Mal sagte er zu mir: „Warum kannst du nicht Mechaniker werden wie dein Vater und dein Großvater?" Vielleicht verstand er, dass ich einfach andere Begabungen hatte. Oder er wollte nicht, dass ich verhungern musste.

Gott legte der Menschheit die Hand
auf die Schulter und sagte:

„Ihr seid etwas Besonderes."

Ein weiser Vater

In seinem bezaubernden Buch *The Dance of Hope* („Der Tanz der Hoffnung") erzählt mein Freund Bill von einem blinden Studenten namens John, den er 1951 an der *University of Colorado* betreute. Eines Tages fragte Bill John, wie er blind geworden sei. Der Student erzählte ihm von einem Unfall, den er als Jugendlicher gehabt hatte. Er hatte dabei nicht nur sein Augenlicht, sondern auch jegliche Hoffnung verloren. „Ich war verbittert und wütend auf Gott, dass er so etwas zulassen konnte", erzählte John. „Und meine Wut ließ ich an allen aus. Wenn ich schon keine Zukunft hatte, dann wollte ich auch keinen Finger mehr krumm machen. Sollten sie mich doch bedienen. Ich verzog mich auf mein Zimmer und kam nur noch zu den Mahlzeiten heraus."

Das Geständnis überraschte Bill. Er spürte bei seinem Studenten keinerlei Bitterkeit oder Wut. Wie hatte er das geschafft? Er verdanke das seinem Vater, erklärte John. Dieser hatte seine Mitleidstour irgendwann satt und wollte, dass sein Sohn ins Leben zurückfand. Also erinnerte er ihn daran, dass der Winter vor der Tür stand, und trug ihm auf, die Sturmfenster zu befestigen. „Und mach das ja, bis ich wieder zu Hause bin, sonst ..." Mit diesen Worten stürmte sein Vater aus dem Zimmer und knallte die Tür hinter sich zu.

John war wütend. Fluchend und vor sich hin brummend tastete er sich zur Garage vor, fand Fenster, Stehleiter und Werkzeug und machte sich an die Arbeit. „Wenn ich von der Leiter falle und mir das Genick breche, wird ihnen das noch leidtun." Aber er fiel nicht herunter. Fenster für Fenster kämpfte er sich um das gesamte Haus und erledigte die Aufgabe.

Und der Auftrag verfehlte seine Wirkung nicht. John lernte wider Willen, dass er doch noch etwas tun konnte, und baute sich langsam sein Leben wieder auf. Erst Jahre später erfuhr er noch etwas über diesen Tag. Als er Bill dieses Detail der Geschichte erzählte, traten Tränen in seine blinden Augen. „Später habe ich dann herausgefunden, dass mein Vater zu keinem Zeitpunkt an diesem Tag mehr als anderthalb Meter von mir entfernt war."[22]

Huckepack

Während wir eine Ferienwoche in Colorado verbrachten, taten wir uns mit einigen anderen Familien zusammen, um den Gipfel eines Viertausenders zu erklimmen. Wir hatten beschlossen, den leichten Weg zu nehmen: Wir wollten bis zur Baumgrenze fahren und die letzte Meile dann zu Fuß gehen. Kernige Wanderer hätten sich mächtig gelangweilt, aber für eine Familie mit drei kleinen Mädchen war das schon das Höchste der Gefühle. Der Aufstieg war anstrengend und wunderschön zugleich. Ich wurde daran erinnert, dass zwar die Luft, nicht aber meine Taille dünn war.

Unsere vierjährige Tochter Sara hatte es doppelt schwer. Sie war bereits nach wenigen Minuten gestürzt und hatte sich das Knie aufgeschürft. Jetzt fürchtete sie sich vor jedem Schritt und wollte nicht mehr weitergehen. Sie weigerte sich einfach. Sara wollte getragen werden. Zuerst huckepack bei mir, dann bei Mama auf dem Arm, dann wieder bei mir, danach huckepack bei einem Freund und wieder bei mir, dann wieder bei Mama und immer so weiter.

Während ich erfolglos versuchte, Sara zum Gehen zu überreden, beschrieb ich ihr, was uns erwartete: „Dort oben sieht es ganz toll aus. Du kannst die Berge sehen, den Himmel und die Bäume." Vergeblich – sie wollte getragen werden. Trotzdem entpuppte sich meine Beschreibung als gute Idee. Nichts verleiht Reisenden mehr Schwung, als sich das Ziel vorzustellen.

Endlich erreichte unsere Gruppe die Bergspitze. Wir rasteten eine Stunde, machten Fotos und genossen die Aussicht. Später beim Abstieg hörte ich, wie Sara stolz verkündete: „Ich hab's geschafft!"

Ich musste schmunzeln. *Nein,* dachte ich, du hast es nicht geschafft. *Deine Mama und ich, wir haben es geschafft. Deine Familie und Freunde haben dich auf den Berg getragen. Nicht du.*

Aber ich sagte nichts. Ich bekomme nämlich die gleiche Sonderbehandlung. Und Sie auch. Wir glauben vielleicht, dass wir aus eigener Kraft durchs Leben klettern, aber in Wirklichkeit werden wir getragen. Der Vater, der unseren Sturz mit angesehen hat, hat uns huckepack genommen. Er trägt uns, weil er möchte, dass wir das Ziel erreichen. Und selbst wenn wir müde werden, wird er nicht ungeduldig.

Voll Zuversicht hoffte ich auf den Herrn, und er wandte sich mir zu und hörte meinen Hilfeschrei. Ich war in eine verzweifelte Lage geraten – wie jemand, der bis zum Hals in einer Grube voll Schlamm und Kot steckt! Aber er hat mich herausgezogen und auf festen Boden gestellt. Jetzt haben meine Füße wieder sicheren Halt.

Psalm 40,2–3

Verändert durch Freundschaft

GOTT RÜSTET
SEINE NACHFOLGER AUS,
DAMIT SIE
HERZEN BERÜHREN.

Sie verbeugte sich vor ihrer Freundin

Freunde im Glauben

Ein wahrer Freund

Beste Freunde

Gott ist unser Freund

Ein Festmahl der Freundschaft

„Das wird schon"

Sie verbeugte sich vor ihrer Freundin

Dreizehn Jahre lang hatte Esther Kim nur einen Traum: die Olympischen Sommerspiele in Sydney. Sie wollte für die Vereinigten Staaten in der Taekwondo-Mannschaft starten.

Aus diesem Grund hatte sie seit ihrem achten Lebensjahr jede freie Minute dafür trainiert. Und dort hatte sie auch ihre beste Freundin Kay Poe kennengelernt. Esther und Kay trainierten so lange und so hart, dass es eigentlich niemanden überraschte, als sie sich 2000 beide für den olympischen Vorausscheid in Colorado Springs qualifizierten.

Es waren allerdings doch alle recht erstaunt, dass sie in dieselbe Gruppe eingeteilt wurden. Esther und Kay hatten noch nie gegeneinander gekämpft, aber als die Anzahl der Gruppen noch einmal reduziert wurde, standen ihre Namen plötzlich in ein- und derselben Gruppe. Es war demnach nur eine Frage der Zeit, bis sie sich auf der Matte gegenüberstehen würden. Eine würde gewinnen, die andere verlieren. Nur eine von beiden Sportlerinnen konnte sich für Australien qualifizieren.

Und als wäre die ganze Angelegenheit nicht dramatisch genug gewesen, stellten zwei Umstände Esther Kim noch zusätzlich vor ein Dilemma. Erstens hatte sich Kay beim vorhergehenden Kampf am Bein verletzt. Sie konnte kaum laufen, geschweige denn kämpfen. Mit dieser Verletzung wäre es ein Leichtes für Esther, ihre Freundin zu besiegen.

Aber dann gab es noch einen zweiten Umstand: Esther wusste, dass Kay eigentlich die bessere Kämpferin war. Wenn sie die Situation und ihre verletzte Freundin ausnutzte, würde die bessere Sportlerin zu Hause bleiben müssen.

Was tat Esther? Sie betrat die Matte und verbeugte sich vor ihrer Freundin und Gegnerin. Beide wussten, was diese Geste bedeutete: Esther verzichtete auf ihren Platz im Team. Ihr war die Sache wichtiger als der Ruhm.[23]

Freunde im Glauben

Ich weiß mein christliches Erbe zu schätzen. In einer kleinen Kirche in Westtexas lernte ich, was es mit Jesus Christus, dem Kreuz und dem Wort Gottes auf sich hatte. Die Gemeinde war nicht besonders groß. Wenn es hoch kam, saßen sonntags vielleicht zweihundert Besucher im Gottesdienst. Die meisten stammten wie ich aus Arbeiterfamilien, deren Väter auf den Ölfeldern schufteten. Aber in der Gemeinde herrschte ein gutes Miteinander. Wenn wir krank waren, kamen uns Gemeindeglieder besuchen. Wenn wir nicht zum Gottesdienst erschienen, riefen sie uns an. Und als ich, der verlorene Sohn, nach Hause zurückkehrte, nahmen sie mich auf.

Ich weiß mein Erbe wirklich zu schätzen. Aber im Laufe der Jahre ist mein Glaube auch durch den Umgang mit Menschen gewachsen, die zu anderen Denominationen gehören. Es dauerte nicht lange, bis ich herausfand, dass man auch in anderen Bereichen auf Gottes Schiff Kraft schöpfen kann.

Ein Pfingstler aus Brasilien brachte mir das Beten bei. Ein britischer Anglikaner namens C. S. Lewis sorgte dafür, dass mein Glaube stark wurde. Ein

Baptist aus den Südstaaten half mir, Gottes Gnade zu verstehen. Steve Brown, ein Presbyterianer, lehrte mich, was es mit Gottes Herrschaft auf sich hat, während Frederick Buechner mir Gottes Leidenschaftlichkeit nahebrachte. Ein Katholik namens Brennan Manning überzeugte mich davon, dass Jesus unendlich liebevoll ist. Ich bin ein besserer Ehemann, weil ich James Dobson las, und ein besserer Pastor, weil ich Chuck Swindoll lauschte.

> Ja, dein Gesetz lässt sich nicht mit Bergen von Gold aufwiegen! Herr, mein Schöpfer! Du hast mir das Leben gegeben. Schenke mir nun auch die Einsicht, die ich brauche, um nach deinen Geboten zu leben!
>
> Psalm 119,72–73

Du kannst **einen Beitrag**
zu dieser Gesellschaft leisten,
den niemand sonst zu geben vermag.
Wenn du ihn für dich behältst,
wird er nicht vorhanden sein.

Ein wahrer Freund

Der kleine Blake Rogers kann uns dabei helfen, den großen Akt der Gnade zu verstehen, den Jesus Christus vollbracht hat. Er machte seiner Freundin Maura nämlich ein ähnliches Geschenk (auch wenn dieses nicht so weitreichend und tiefgreifend war). Blake und Maura gingen in dieselbe Vorschulklasse. Eines Tages fing Maura an, vor sich hin zu summen. Die Lehrerin bedankte sich für die musikalische Untermalung, bat Maura aber, damit aufzuhören. Es sei unhöflich, im Unterricht zu summen und die anderen zu stören.

Doch Maura konnte nicht anders. Das Lied in ihrem Kopf wollte einfach gesummt werden. Nach mehreren Ermahnungen griff die Lehrerin durch und nahm Mauras Wäscheklammer vom grünen Kreis an der Tafel und steckte sie an den gefürchteten blauen Kreis. Maura steckte in Schwierigkeiten. Die Kleine war völlig bedrückt. Alle anderen Klammern steckten am grünen Kreis, ihre eigene aber am blauen, und zwar ganz allein.

Blake beschloss, ihr zu helfen. Er klopfte ihr auf die Schulter, schnitt Grimassen und versuchte, sie zu trösten.

Aber nichts half. Maura fühlte sich noch immer allein. Da brachte Blake das größtmögliche Opfer: Er achtete darauf, dass die Lehrerin es auch merkte, und fing an zu summen. Sie ermahnte ihn. Doch er machte einfach weiter. Die Lehrerin hatte keine andere Wahl, als auch seine Wäscheklammer vom grünen Bereich in den blauen umzustecken.

Blake lächelte zufrieden und Maura hörte auf zu weinen. Nun hatte sie einen Freund.

Zwei haben es besser als einer allein, denn zusammen können sie mehr erreichen. Stürzt einer von ihnen, dann hilft der andere ihm wieder auf die Beine. Doch wie schlecht steht es um den, der alleine ist, wenn er hinfällt! Niemand ist da, der ihm wieder aufhilft!

Prediger 4,9–10

Beste Freunde

Fünftausend Augenpaare sind auf Abraham Lincoln gerichtet. Einen Abraham Lincoln, der sich ganz offensichtlich nicht wohlfühlt. Sein Unbehagen rührt nicht daher, dass er seine Antrittsrede halten muss, sondern hängt mit den ehrgeizigen Bemühungen wohlmeinender Schneider zusammen. Lincoln ist es nicht gewohnt, derart formelle Kleidung zu tragen – einen schwarzen Frack, eine seidene Weste, schwarze Hosen und einen glänzenden Zylinder. Dazu einen langen Gehstock aus Ebenholz mit einem goldenen Knauf von der Größe eines Eis.

Lincoln schreitet auf das Podest zu, in der einen Hand den Hut, in der anderen den Gehstock. Er ist ratlos, denn er weiß nicht, was er nun mit den beiden machen soll. In der spannungsgeladenen Stille zwischen Applaus und den ersten Worten seiner Rede hält er verzweifelt nach einem Ort Ausschau, wo er beides ablegen kann. Schließlich lehnt er den Stock in eine Ecke der Brüstung, aber wohin mit dem Hut? Er könnte ihn auf das Rednerpult legen, aber dort würde er zu viel Platz beanspruchen. Vielleicht auf den Boden ... nein, zu schmutzig.

Unerwartet – und keinen Moment zu früh – kommt ein Mann nach vorn und greift nach dem Hut, dann kehrt er auf seinen Platz zurück und lauscht gespannt Lincolns Rede.

Wer ist der Mann? Lincolns bester Freund. So sagte es der Präsident der Vereinigten Staaten selbst: „Wir beide sind wohl die besten Freunde auf der ganzen Welt."

In der frühen Phase von Lincolns Präsidentschaft war er einer seiner stärksten Befürworter. Er hatte die Ehre, Mrs Lincoln beim Antrittsball in den Saal zu geleiten. Als der Sturm des Bürgerkriegs losbrach, verlor Lincoln viele Freunde, aber nicht diesen. Er bewies seine Loyalität außerdem dadurch, dass er als Lincolns Friedensbotschafter die Südstaaten bereiste. Die Südstaatler bekniete er, sich nicht abzuspalten; die Nordstaatler bat er, sich hinter den Präsidenten zu stellen.

Sein Einsatz war groß, aber die Welle des Zorns war größer. Das Land spaltete sich und der Bürgerkrieg brachte viel Blutvergießen. Doch Lincolns Freund erlebte all das nicht mehr mit. Erschöpft von seinen Reisen, erlag er einem Fieber, und Lincoln musste sich dem Krieg allein entgegenstellen.

Als er die Nachricht vom Tod seines Freundes erhielt, weinte Lincoln öffentlich und ordnete an, dass die Fahne auf dem Dach des Weißen Hauses auf Halbmast gesetzt wurde. Manche sind sogar der Meinung, Lincolns Freund wäre 1864 als Kandidat für die Vizepräsidentschaft aufgestellt worden und hätte dann nach der Ermordung des „Großen Befreiers" das Präsidentenamt übernommen.

Wir werden es nie erfahren. Aber eines wissen wir: dass Lincoln einen wahren Freund hatte. Wie oft sein Andenken Wärme in das kalte Oval Office gebracht hat, können wir nur erahnen. Er war der Inbegriff eines Freundes.

Zugleich war er auch ein Musterbeispiel für Vergebung.

Dieser Freund hätte nämlich genauso gut ein Feind sein können. Lange bevor Lincoln und er Verbündete waren, standen sie sich als politische Gegner gegenüber – beide strebten nach demselben Amt. Und leider sind ihre Debatten auch bekannter als ihre Freundschaft. Die Debatten zwischen Abraham Lincoln und seinem besten Freund Stephen A. Douglas.

Was würde geschehen,
wenn wir Gottes Liebe
bis in den letzten Winkel
der Erde trügen?

Gott ist unser Freund

Ich würde Ihnen gerne erzählen, wie Gott einmal eine Notlage gebrauchte, um mir eine Botschaft zu übermitteln. Die Geburt unseres ersten Kindes traf unglücklicherweise mit der Kündigung unserer Krankenversicherung zusammen. Ich weiß heute noch nicht, wie das geschehen konnte. Es hatte irgendwas damit zu tun, dass die Versicherung ihren Hauptsitz in den Vereinigten Staaten hatte, Jenna aber in Brasilien geboren wurde. Das Ende vom Lied: Denalyn und ich waren voller Freude über ein acht Pfund schweres Mädchen und voller Sorge über eine Krankenhausrechnung von zweieinhalbtausend Dollar.

Wir beglichen die Schulden, indem wir ein Sparkonto leerräumten. Einerseits waren wir dankbar, diesen großen Betrag bezahlen zu können, andererseits ließ uns das Problem mit der Versicherung keine Ruhe. Ich fragte mich: „Will Gott uns damit etwas sagen?"

Ein paar Wochen später erhielt ich meine Antwort. Ich hatte auf einer Rüstzeit in einer kleinen fröhlichen Gemeinde in Florida gesprochen, als mir ein

Gemeindemitglied einen Umschlag mit den Worten überreichte: „Das ist für Ihre Familie." Solche Geschenke waren nicht ungewöhnlich. Wir hatten in der Vergangenheit immer wieder Erfahrung mit dieser Art der Spenden gemacht und waren dafür gewöhnlich sehr dankbar. Gewöhnlich beliefen sie sich auf fünfzig oder einhundert Dollar und ich erwartete in diesem Fall einen vergleichbaren Betrag. Aber als ich den Umschlag öffnete, stand auf dem Scheck (Sie haben es sicher schon erraten): Zweitausendfünfhundert Dollar.

Durch eine Notlage hatte Gott zu mir gesprochen. Mir war, als hätte er gesagt: „Max, ich beteilige mich an deinem Leben. Ich passe schon auf dich auf."

Denn ich allein weiß,
was ich mit euch vorhabe:
Ich, der Herr, werde euch
Frieden schenken und euch
aus dem Leid befreien.
Ich gebe euch wieder
Zukunft und Hoffnung.

Jeremia 29,11

Ein Festmahl
der Freundschaft

Meine erste Pastorenstelle war in Miami, Florida. In unserer Gemeinde gab es mehr als genug Frauen aus den Südstaaten, die sehr gerne kochten. Ich passte wiederum gut hinzu, denn ich war Single und aß sehr gerne. Unsere Gemeinde veranstaltete am Sonntagabend gern gemeinsame Mahlzeiten, zu denen jeder etwas beisteuerte. Und etwa alle drei Monate artete das Ganze in ein regelrechtes Festessen aus.

Es gibt Gemeinden, bei denen diese gemeinsamen Mahlzeiten einer Resteverwertung ähneln. Nicht so in dieser Kirche. Unsere gemeinsamen Mahlzeiten waren ein großes Ereignis. Die umliegenden Supermärkte baten uns, sie im Voraus zu informieren, damit sie ihre Regale dementsprechend auffüllen konnten. Der Verkauf von Kochbüchern stieg in die Höhe. Leute, die man nie zuvor im Gottesdienst gesehen hatte, standen in der Schlange am Büfett. Für die Frauen war es ein inoffizielles Kochduell und die Männer schlugen sich unverfroren die Bäuche voll.

Meine Güte, war das lecker, eine wahre Flut an Auflaufformen und Schüsseln. Saftiger Schinken in Ananassoße, gebackene Bohnen, Gurken-Relish, Pekannusskuchen ... (Hoppla, jetzt habe ich meine Tastatur vollgesabbert.) Haben Sie sich schon einmal gefragt, warum es so viele wohlbeleibte Pfarrer gibt? Man wird Pfarrer wegen solcher Mahlzeiten.

Als ich noch Junggeselle war, waren solche gemeinsamen Mahlzeiten fester Bestandteil meiner Überlebensstrategie. Während sich andere überlegten, was sie kochen würden, studierte ich die Speichertechnik von Kamelen. Weil ich wusste, dass jeder etwas mitzubringen hatte, plünderte ich am Sonntagnachmittag meine Küchenregale. Das Ergebnis war jämmerlich: Einmal brachte ich eine halb leere Dose Erdnüsse mit; ein anderes Mal schmierte ich ein halbes Dutzend Marmeladenbrote. Zu meinen besten Mitbringseln gehörte eine ungeöffnete Tüte Chips; eine eher magere Gabe bestand aus einer Büchse Tomatensuppe, ebenfalls ungeöffnet.

Viel war es nicht, aber es hat sich nie jemand beschwert. Im Gegenteil, die Frauen taten so, als hätte ich eine gebratene Weihnachtsgans mitgebracht. Sie stellten die Erdnussdose zu dem anderen Essen auf den langen Tisch und reichten mir einen Teller.

„Na los, Max, greifen Sie zu. Machen Sie sich den Teller ordentlich voll." Und ich gehorchte aufs Wort! Kartoffelbrei und Bratensoße. Roastbeef. Gebratenes Hähnchen. Ich nahm von allem etwas, außer von den Erdnüssen.

Ich kam wie ein Bettler und aß wie ein König!

Und ich sage euch:
Viele Menschen aus aller Welt werden kommen und mit Abraham, Isaak und Jakob im Himmel das Freudenfest feiern.

Matthäus 8,11

„Das wird schon"

Bill war sechzehn, als sein Vater schwer krank wurde und infolgedessen seine Arbeit verlor. Selbst nachdem Mr Tucker wieder genesen war, befand sich die Familie noch in finanziellen Schwierigkeiten. Es reichte kaum zum Leben.

Mr Tucker bewies Unternehmergeist und ließ sich etwas einfallen. Er ergatterte den Zuschlag, die Sitze im heimischen Kino neu aufzupolstern. Die Familie war überrascht. Mr Tucker hatte noch nie einen Sitzbezug genäht. Er besaß noch nicht einmal eine Nähmaschine. Aber er fand jemanden, der ihm die nötigen Fertigkeiten beibringen konnte, und bestellte eine geeignete Industrienähmaschine. Die Familie kratzte jeden Cent zusammen, um sie zu bezahlen. Sie plünderte ihre Ersparnisse und kramte Münzen aus den Sofaritzen hervor. Schließlich hatten sie das Geld beisammen.

Es war herrliches Wetter, als Bill mit seinem Vater ins Auto stieg, um die Maschine abzuholen. Bill erinnert sich noch heute an die vergnügte mehrstündige Fahrt, bei der sie sich in allen Farben die Möglichkeiten ausmalten, die sich ihnen mit diesem

Schritt eröffnen würden. Sie luden die Maschine auf ihren Pick-up und machten sie gleich hinter der Fahrerkabine fest. Gut gelaunt erlaubte Mr Tucker seinem Sohn, nach Hause zu fahren. Ich überlasse es Bill, den Rest der Geschichte zu erzählen:

Während der Fahrt waren wir beide aufgeregt. Dabei verlor ich wahrscheinlich wie jeder andere sechzehnjährige Autofahrer den Tacho aus dem Blick. Ich werde nie im Leben vergessen, was ich im Rückspiegel sah, als wir auf die Autobahnauffahrt abbogen: Die schwere Nähmaschine, die sowieso schon kopflastig war, begann langsam zu kippen. Sofort trat ich auf die Bremse, aber es war zu spät. Ich sah nur noch, wie sie über die Seite stürzte. Mit einem Satz war ich aus dem Auto und lief um die Ladefläche herum. Als ich um die Ecke kam, sah ich unsere Hoffnungen und Träume in Einzelteilen auf der Erde liegen. Mein Vater stand nur wortlos da und starrte auf den Boden. Sein ganzes Risiko und all die Bemühungen, die Anstrengungen und sein Traum lagen in Einzelteilen vor uns. Die Hoffnung, seine Familie wieder versorgen zu können, war dahin.

Sie können sich sicher vorstellen, was jetzt passierte. „Du leichtsinniger Rotzbengel, du fährst viel zu schnell, passt überhaupt nicht auf und ruinierst die ganze Familie! Das war unsere Lebensgrundlage!"

Doch das war es nicht, was mein Vater sagte. Er sah mich an. „Oh Bill, das tut mir sehr leid." Und dann kam er zu mir und legte mir den Arm um die Schultern. „Mein Sohn, das wird schon wieder."[24]

Wirkliche Liebe
ist frei von Angst.
Ja, wenn die Liebe uns
ganz erfüllt, vertreibt
sie sogar die Angst.

1. Johannes 4,17–18

Anmerkungen

1 Aus: F. W. Boreham, Life Verses: The Bible's Impact on Famous Lives Bd. 2 (Grand Rapids, MI: Kregel Publications, 1994), S. 114 f.

2 Tim Kimmel, zitiert in Stu Weber, Tender Warrior (Sisters, OR: Multnomah Books, 1993), ausschnittsweise als „Changed Lives" in: A 4th Course of Chicken Soup for the Soul (Deerfield, FL: Health Communications, 1997), S. 60 f.

3 Maxie Dunnam, This is Christianity (Nashville: Abingdon Press, 1994), S. 60 f.

4 Mein Dank geht an Landon Saunders, der mir diese Geschichte erzählt hat.

5 Ernest Gordon, To End All Wars: A True Story About the Will to Survive and the Courage to Forgive (Grand Rapids: Zondervan, 2002), S. 105 f., 101.

6 M. Norvel Young und Mary Hollingsworth, Living Lights, Shining Stars: Ten Secrets to Becoming the Light of the World (West Monroe, LA: Howard Publishing, 1997), S. 11 f.

7 Mehr dazu beispielsweise hier: http://www.salvator.net/salmat/pw/luft/rosbomber.html.

8 Rick Reilly, „The Play of the Year", in: Sports Illustrated, 18. 11. 2002.

9 Jack Canfield und Mark Hansen, Chicken Soup for the Soul (Deerfield Beach, Fla.: Health Communications., 1993), S. 273–274.

10 Aus einem Telefoninterview mit Jo Anne Lyon, geführt von David Drury am 23.6. 2009.

11 Name geändert.

[12] „Nicholas Winton, the Power of Good", Gelman Educational Foundation, www.powerofgood.net/story.php, und Patrick D. Odum, „Gratitude That Cost Us Something", Heartlight, www.heartlight.org/cgi/simplify.cgi?20090922_gratitude.html.

[13] David Jeremiah, Acts of Love (Gresham, OR: Vision House Publishing, Inc., 1994), S. 92.

[14] 1041 Sermon Illustrations, Ideas and Expositions, zusammengestellt und herausgegeben von A. Gordon Nasby (Grand Rapids, MI: Baker, 1953), S. 180 f.

[15] Aus einer E-Mail von John Bentley. Mit freundlicher Genehmigung.

[16] Nach Patricia Teece, A Man for Others.

[17] „In Praise of Courage", Quest, November 1980, S. 23.

[18] „Miracle on Mount Everest", Dateline NBC, 25. Juni 2006, http://www.msnbc.mns.com/id/13543799.

[19] Alexander Solschenizyn, Der Archipel Gulag (Bern: Scherz, 1974, übersetzt von Anna Peturnig), S. 593.

[20] David Aikman, Great Souls: Six Who Changed the Century (Nashville: Word Publishing, 1998), S. 341 f.

[21] Aus Paul Lee Tan, Encyclopedia of 7700 Illustrations.

[22] William C. Frey, The Dance of Hope: Finding Ourselves in the Rhythm of God's Great Story (Colorado Springs, CO: WaterBrook Press, 2003), S. 174.

[23] Dan McCarney, „Courage to Quit", in: San Antonio Express News vom 13. Juli 2000, Abschnitt 4C.

[24] Bill Tuckers Bericht auf der Männertagung der Oak Hills Church in San Antonio, Texas, 3. Mai 2003.